Eg Witt

Jedes Jahr
Langeoog

Inselgeschichten

Wartberg Verlag

Impressum

Bildnachweis
Gisela Hennig, Langeoog: S. 14, 16
Dr. Gerta Leiss-Petitjean: S. 18
Marlene Lütze, Münster: S. 32, 55
Hertha Scholten, Langeoog: S. 13, 23, 24
Jürgen Schütte, Rinteln: S. 5
Alle übrigen Fotos und Abbildungen sowie das Titelbild
stammen vom Autor.

Danksagung
Bei folgenden Personen bedankt sich der Autor für die
Mithilfe am Buch: Peter Wettstein, Helga Leiß, Hertha
und Robert Scholten, Wiebke Krebs, Gerhard Siebels,
Christine Kusgörd, Gerriet Leiß, Dr. Gerta Leiss-Petitjean und Dagmar Falke. Leicht könnten in dieser Auf-
stellung noch andere Personen genannt werden, denen
auch viel Dank gebührt.

1. Auflage 2009
Layout: Attila Jo Ebersbach, Kassel
Druck: Thiele & Schwarz, Kassel
Buchbinderische Verarbeitung:
Buchbinderei Büge, Celle
© Wartberg Verlag GmbH & Co. KG
34281 Gudensberg-Gleichen, Im Wiesental 1
Telefon (0 56 03) 9 30 50
www.wartberg-verlag.de
ISBN: 978-3-8313-1971-8

Inhalt

Vorwort

MEINE ERSTE BEGEGNUNG mit der Insel hatte ich 1955 anlässlich einer Kinderkur im AWO-Kinderheim „Möwennest". Seitdem bin ich regelmäßig, manchmal sogar mehrmals im Jahr, zu Gast auf Langeoog. Als Maler und Bildhauer stellte ich seit den 70er und 80er Jahren in vielen Ausstellungen meine Bilder und Skulpturen im „Haus der Insel" aus. Zusammen mit meiner Frau Dorothea habe ich hier Freunde und viele gute Bekannte gewonnen. Unsere Zuneigung zu dieser Insel wuchs stetig.

Als Künstler habe ich Eindrücke unterschiedlichster Art aufgenommen. Ich möchte Sie, liebe Leser, auf eine äußerst vielgestaltige und muntere Zeitreise mitnehmen, die in den 30er Jahres des 20. Jahrhunderts beginnt, als sich auf Langeoog ein überwiegend sehr bürgerliches Publikum mit weißen Hosen und ebensolchen großen Hüten tummelte. Und weiter geht's mit über 20 kurzen Erzählungen bis in die Gegenwart. Die Protagonisten dieser Erzählungen sind Insulaner, Zugezogene, Silberpappeln, Sanddornbüsche, ein Goldregenpfeifer, ein Wattführer und sogar die Verlautbarungen eines Wellhornschneckenhauses.

Meine Fotos und die, die mir befreundete Insulaner zur Veröffentlichung überließen, runden das Buch ab. Außerdem sind einige persönliche Betrachtungen eingeflossen, motiviert nicht zuletzt durch meine Hingezogenheit zur Insel sowie ein Nichtloslassenkönnen von ihr. Die ganz eigene Atmosphäre der Insel, das Nichtvorhandensein von Autos, die Wassermusik der Brandung sowie die große Stille und Einsamkeit faszinieren mich bis auf den heutigen Tag.

Viel Vergnügen beim Lesen wünscht Ihnen

Eg Witt

Gruppenaufnahme während der Kinderkur 1956 im AWO-Kinderheim „Möwennest". Der vierte von links, stehend, ist der Autor. Rechts neben ihm sein Kinderfreund Eberhard Geßner. Der Name der netten „Kinder-Tante", rechts am Rand sitzend, ist leider nicht überliefert.

Kloverbot bis drei

DIE WOHLFAHRTSORGANISATION Arbeiterwohlfahrt
– kurz AWO genannt – besaß auf Langeoog in den 50er
Jahren ein Kindererholungsheim mit dem schönen Namen „Möwennest". Dieses Heim existiert bis heute, nur
ist aus den einstigen Militärbaracken ein Ensemble großer Steinhäuser geworden, das dicht an den Dünen fast
ein wenig großstädtisch wirkt.

Ins alte „Möwennest" sollte es für uns Kinder also im
Jahre 1956 gehen und wir sahen diesem Ausflug in die
weite Welt mit großen Erwartungen entgegen. Eine ge-

Ballspiele 1956 im AWO-Heim „Möwennest". Mädchen und Jungs wurden zwar streng getrennt, spielten aber sehr wohl gegeneinander. Im Hintergrund die schlichten Militärbaracken, die Unterkunft der Kinder.

wisse Ingeborg Schwebes von der Rintelner AWO sorgte für die gesamte Organisation. Voraussetzung für eine Teilnahme war, dass das Gesundheitsamt, das uns untersuchte, zu dem Ergebnis kam, dass wir alle viel zu wenig auf den Rippen hatten. Wir, das waren die anderen Schulkameraden aus der sechsten Klasse unserer Volksschule und ich, die von mir angestiftet wurden, dem Gesundheitsamt ebenfalls einen Besuch abzustatten. Schließlich war ich im Vorjahr bereits nach Langeoog verschickt worden. Begeistert und gut erholt war ich zurückgekehrt und hatte sofort mächtig Reklame für die Insel gemacht.

Frau Schwebes begleitete uns damals im Bus bis nach Bensersiel, von wo es mit einem weißen Fährschiff auf die Insel und dort angekommen direkt ins „Möwennest" ging. Hier auf Langeoog fanden wir es alle, ohne Ausnahme, sofort wunderbar. Nur das strenge Regiment der Heimtanten behagte uns überhaupt nicht. Im Kern ging es uns um den berüchtigten Mittagsschlaf. Es war so, wir mussten nach dem Mittagessen sofort in unsere Etagenbetten klettern und, quasi auf Befehl, sofort einschlafen, auf jeden Fall aber die Augen schließen. Uns wurde sogar der Klobesuch verboten und das für zwei ganze Stunden, von eins bis drei. Man versagte uns tatsächlich dieses Grundrecht als menschlichstes aller menschlichen Bedürfnisse und blieb steinhart. Viele von uns lagen mit zusammengebissenen Zähnen in den Eisenbetten und dachten schon mit Schrecken an den nächsten Tag. Ich hörte auch von gewissen „Selbstentladungen". Aber keiner von uns muckste sich, sondern alle versuchten, so gut es ging, mit dieser blöden Situation fertig zu werden.

Auch wenn wir heute darüber lächeln mögen, wenn wir uns als ehemalige Schulkameraden wieder treffen, so erinnern wir uns, wie beklemmend dieses Verbot auf uns Kinder wirkte. Der eine oder andere mag darüber fast vergessen haben, wie schön es war, wenn wir am Strand Seesterne, Wellhornschneckengehäuse, Austernschalen, Seeigel, Herzmuscheln und Bernsteinstücke fanden.

Die harten Erziehungsmethoden der 50er Jahre sind vielen von uns in unterschiedlichen Bereichen erinnerlich, wobei wir den netten und schrecklichen Tanten von damals natürlich inzwischen verziehen haben.

Den Anweisungen der Tanten mit den blütenweißen und gestärkten Schürzen folgten wir aufs Wort und gaben uns brav. Die Verpflegung im „Möwennest" war nicht von schlechten Eltern. Man päppelte uns u. a. mit Stullen, die wirklich mit fingerdicken Butterstücken be-

Holz sammeln am Strand für das Kaminfeuer am letzten Abend der Kinderkur im AWO-Heim „Möwennest", 1956.

legt waren, mit dicksten Haferbreisuppen und mindestens einem ungeliebten Spinatgelage pro Woche.

Nach langen Wanderungen am Strand, ins Watt, zur Meierei und zur Möwenkolonie hauten wir an den Abendbrottafeln rein wie die Scheunendrescher und setzten langsam Gewicht an.

Wir tanzten mit den gleichaltrigen Mädchen aus einer Nachbarbaracke Menuett, machten Ballspiele, lernten Lieder in der Art von: „Wenn die bunten Fahnen wehen", „Winde wehn – Schiffe gehn" und „War einst ein kleines Segelschiffchen". Alle Kinder waren adrett und ordentlich und präsentierten sich mit gerade gezogenen Scheiteln.

Wir, die während des Krieges in schwersten Bombenangriffen Geborenen und deshalb etwas schwächliche Kandidaten, gewannen auf der Insel ganz großartige Eindrücke fürs Leben: Muscheln wie gesät, so weit das Auge reichte und in unterschiedlichsten Farben und Formen; Sonnenuntergänge; tosender Brandungsanprall; weites, leeres Watt mit hohen Himmeln; Hochdünen; schwarz-weiße Flintsteine und jede Menge Seevögel. Am schönsten war für mich auf jeden Fall das blau-weiß-rote Inselwappen von Langeoog mit einem Segelschiff inmitten schäumender Wellen.

Dann gab es noch eine interessante Begleiterscheinung, die wir sehr genossen. Wir behielten auf diesem Sandhügel stets saubere Fingernägel! Eine Rüge wegen dreckiger Finger, wie wir sie zur Genüge kannten, entfiel. Auf der Insel gab es ja praktisch keinen gewöhnlichen Straßendreck, wie er uns von unserem sonstigen Alltagsleben bestens vertraut war. Nur, dass dieser feine, weiße Sand bald in jedem unserer Kleidungsstücke saß, was aber von mir, bis zum heutigen Tage, nie als etwas wirklich Störendes empfunden wurde.

An unserem letzten Inseltag sammelten wir Schwemmholz für den Kamin, der sich in der Vorhalle unseres Heimes befand. Abends dann flackerte und knisterte der Kamin behaglich. Dieser Abschiedsabend machte uns befangen – es war fast wie Weihnachten!

Heller Teestern

ABWARTEN UND TEE TRINKEN war noch in den 70er Jahren eine beliebte Redewendung, wenn es um das Innehalten und die Entschleunigung des Lebens ging.

Bis 1950 arbeitete mein Vater einige Jahre beim „Engländer" in Rinteln. Dahinter verbarg sich ein großes, englisches Militärhospital. Und von dort brachte er, für mich als Kind sehr fremdartig, aber höchst aromatisch duftenden, schwarzen Tee mit nach Hause, den wir gesüßt und mit etwas Vollmilch tranken. Später dann, als mir Friesisches durch Kinderkuren auf Langeoog vertraut wurde, wurde bei uns nachmittags, aber oft auch schon morgens, nur noch schwarzer Tee getrunken.

Beim Tee sind die Ostfriesen eigen und verfügen über unumstößliche Regeln. Wer seinen Teelöffel in die leere Tasse stellt, signalisiert, dass er nicht mehr nachgeschenkt haben möchte. Dieser symbolische Akt passt gut zu der bekannten zurückhaltenden, eher schweigsamen Wesensart der Ostfriesen.

Viele Ostfriesen rühren den Kandis nicht um. Dieser kommt ja zuerst in die Tasse, anschließend gießt man den Tee ein, jetzt soll es fein knistern und zuletzt kommt etwas Teesahne hinzu. Wenn die Teesahne auf den Grund der Tasse sinkt, steigt ein kleiner Teil als heller Stern an die Oberfläche. Nach dem ganz strengen Kodex hat man erst dann alles richtig gemacht, wenn dieser Stern aufgeht.

Aber es geht weiter. Den Tee umzurühren, wäre jetzt falsch. Der echte Friese beginnt gleich zu trinken, liebt den etwas bitteren, reinen Teegeschmack, den er mit den ersten Schlucken erhält. Mit zunehmender Leerung der Tasse stößt er in immer süßere und sahnigere Gefilde vor und hat nun erst den vollendeten Teegenuss.

Man könnte dieses ganze Prozedere auch für eine schwache Vorform von Masochismus halten, aber so tiefgründig wollen wir nicht sein. Scheinbar mussten dem harten Alltagsleben auf Teufel komm raus wenigstens einige Reize abgewonnen werden, oder hatte es doch mehr mit einer Kultivierung zu tun, die aus den reichen Häuptlingsburgen und Herrschaftshäusern kam? „Friesische Gemütlichkeit hält stets ein Tässchen Tee bereit." Dieser banale, aber während einer früheren Zeit wahrscheinlich wahre Spruch, hängt vielerorts mit Kreuzstich in Leinen verewigt.

Anmerkung: Es ist mir bisher nur auf Langeoog gelungen, diesen Teestern in die Tasse zu zaubern. Wahrscheinlich ist das Wasser zwischen Bielefeld und Hannover viel zu hart und kalkhaltig, um solche „Sterne aufgehen zu lassen".

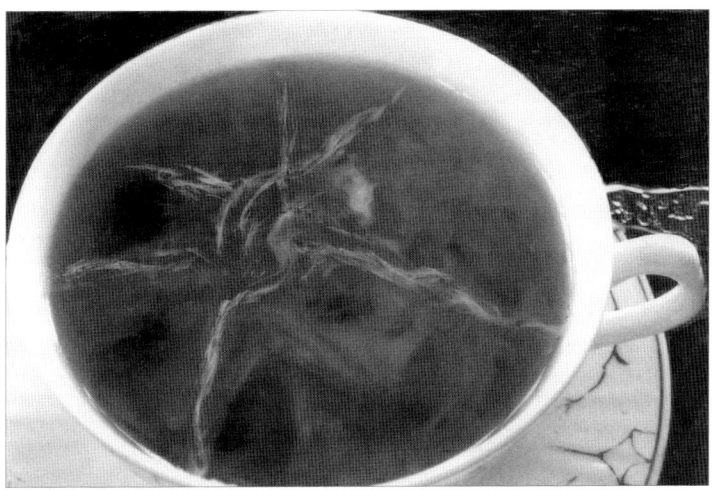

Teestern. Wenn mit Kandis und Teesahne alles richtig gemacht wurde, steigt dieser Teestern an die Oberfläche der Teetasse, bleibt aber nur einen Moment erhalten.

Nichtschwimmerbecken

AN EINEM DER vielen schönen Sommertage schlüpfte die zehnjährige Hertha in ihren Badeanzug, warf sich ein Handtuch über die Schulter und konnte die paar Hundert Meter zum Strand gar nicht schnell genug zurücklegen. Vorher hatte sie ihrer Mutter noch fest versprochen, keinen Fuß in die Nordsee zu setzen, sondern nur in die flachen, relativ ungefährlichen Priele zu gehen. Und nun war sie fest entschlossen, endlich richtig schwimmen zu lernen. Schwimmen zu können war in den 30er Jahren des vorigen Jahrhunderts noch längst keine Selbstverständlichkeit.

Hertha lief über die Dünen, blickte kurz über den menschenleeren Weststrand bis zur Nachbarinsel Baltrum hinüber – wo sie übrigens noch nie gewesen war – und begann nach einem geeigneten Priel Ausschau zu halten. Laienhaft ließe sich ein Priel als flache Wasserrinne bezeichnen, die vom bei Ebbe zurückflutenden Wasser am Strand übrig geblieben war und sich bei Sonne sofort angenehm erwärmte. Hertha fand ihren Priel und besprengte sich etwas mit Wasser, wobei sich ein paar Silbermöwen sofort gestört fühlten und aufflogen. Sie watete hinein und stellte befriedigt fest, dass ihr das Wasser an der tiefsten Stelle nur bis zu den Oberschenkeln reichte. Sogleich begann sie damit, sich durch hastige Schwimmbewegungen über Wasser zu halten, was ihr bei ihren bisherigen Versuchen immer nur leidlich gelungen war.

Aber jetzt zwang sie sich bewusst zu ruhigen Arm- und Beinzügen und vor allem auch zum richtigen Atmen. Sie versuchte es genauso zu machen, wie es ihr ein Kurgast einmal in aller Ruhe erklärt und als Trockenübung auf ihrer Wiese vorgemacht hatte. Die meisten Insulaner, die schwimmen konnten, hatten es auf die gleiche Art gelernt, mit der Hertha jetzt langsam zum Ziel kam.

Die kleine Hertha Lüken auf dem Langeooger Flughafen mit einer „JU 52" im Hintergrund. Man schreibt hier das Jahr 1936 und das Mädchen ist acht Jahre alt.

Es gab aber viele hier, die es gar nicht konnten, wie zum Beispiel ihre Mutter, ihre Tanten und die Großmutter sowieso nicht. Für letztere galt Schwimmen als Luxus und dafür hatten sie nun wirklich keine Zeit.

Hertha beendete ihre Schwimmstunde und streckte sich auf ihrem schmalen Handtuch aus und ließ sich von der warmen Brise, die von Westen über Meer und Land herüberstrich, trocknen. Sie war sicher, schon bald würde sie mithalten können, wenn sie von den Hausgästen eingeladen wurde, nachmittags mit an den Badestrand zu kommen, um mit ihren Kindern in der Badezone herumzutoben. Dieser offizielle Badestrand lag circa zwei bis drei Kilometer weiter Richtung Osten. Bald würde sie den Gästekindern zeigen, dass auch sie sich keineswegs vor dem bisschen Brandung fürchtete.

*Sanddornpionier Die-
ter Hennig. Er wusste,
dass seine Ernte eine
gesunde Sache ist.
Die Menschen auf der
Insel nannten ihn den
„Sanddornkönig".*

Sanddornpionier

DIETER HENNIG, 1916 in Klein-Dammer in der Mark
Brandenburg geboren und vor dem Krieg Gutsinspektor
in Schlesien, kam 1949 als Kriegsflüchtling mit seiner
Frau Gisela auf die Insel. Nach schweren Anfangsjahren
mit dem berühmten „Nichts" in der Hand interessierte
er sich für eine effektive Positionierung von männlichen
und weiblichen Sanddornpflanzen auf Langeoog, damit
Befruchtung und Ertrag gewährleistet waren. Schnell
eignete er sich ein umfassendes Wissen über den Sanddorn an und war gleich von seiner Bedeutung für die
Gesundheit des Menschen überzeugt.

Hier, am Johann Tongers Pad, fand die Weiterverarbeitung der Sand-
dornfrüchte statt. Heute ist es ein wunderbar ruhig gelegenes Gäste-
haus, eingerahmt von hohen Pappeln, die man auf einer Nordseeinsel
nicht erwarten würde.

Die Ernte ist bis heute eine äußerst mühselige und stachelige Sache, die man nur mit dicksten Lederhand-
schuhen bewerkstelligen kann. Die Sträucher wehren
sich, wo sie können, als ließen sie die Erntenden nur
äußerst ungern an sich heran. Mithilfe scharfer Rosen-
scheren gelingt es, die dicken, fruchtbesetzten Zweige
mit einem Schnitt abzutrennen. Trotz aller Routine und
Fachkenntnis fließt wohl immer auch ein bisschen Blut.

Das Ehepaar Hennig bei der Sanddornernte in der Gegend vom Hafen-gelände. Das stachelige Schnittgut wird in Körbe geleert und dann mit dem Pferdewagen zum Johann Tongers Pad abtransportiert.

Sohn Falk erinnert sich noch an Erntetage im Oktober, wenn Schwärme von Staren mit ohrenbetäubendem Geschrei in die Büsche einfielen. Sie machten auf ihrer Tour von Skandinavien nach Afrika auf Langeoog Zwischenstation und labten sich ausgiebig am reifen Sanddorn. Dabei hatten sie es auch auf die ölhaltigen Kerne der Fruchtkörper abgesehen. Da half, wie Falk Hennig berichtet, kein Klatschen und Rufen, um sie zu verscheuchen. Die Gefiederten fielen zu Hunderten ein und ließen sich eigentlich durch nichts von ihrem Tun abhalten.

Ab 1952 ernteten und verarbeiteten Hennigs mit vielen Hilfskräften den Sanddorn, wie gesagt, professionell mit einer eigenen Firma. Die orangefarbenen Früchte mit dem hohen Vitamin-C-Gehalt wurden gepresst und sofort zu Saft und Gelee verarbeitet, abgefüllt, etikettiert und in braunen Glasflaschen in den Handel gebracht. Bis in die 80er Jahre existierte die Firma, dann gaben Hennigs ihren Betrieb auf. Der einstmalige Langeooger Pionier starb 1998 und hat auf dem Friedhof an der Inselkirche einen sanddornumkränzten Grabstein erhalten. Das große Gästehaus der Familie am Johann Tongers Pad wird heute von Sohn Falk und seiner Frau Gabriele geleitet. Sanddorn ist auf Langeoog mittlerweile so populär geworden, dass es wohl keinen gastronomischen Betrieb gibt, der ihn nicht auf seiner Speisekarte hat. Mittlerweile setzen Wellnessanbieter auf diese Beeren und bieten viele Sanddornprodukte an: Seifen, Shampoos, Kurspülungen, Peelings, Körperlotions, Cremes, Massageöle und Badezusätze. Ferner gibt es Sanddorntee und Sanddornlikör.

Dieter Hennig erhielt bereits nach den ersten Jahren seines Wirkens einen Spitznamen von den Insulanern, eigentlich mehr einen Titel, der den Respekt und die Anerkennung seiner Leistung widerspiegelt: „Sanddornkönig".

1962: Heiner Leiss beim Eisfrieren in seinem Café, das inzwischen zu einer nicht mehr wegzudenkenden Institution auf Langeoog geworden ist.

Heiner

ER STARTETE einen sehr gewagten Ausbruchversuch in die dichten Wälder Kareliens. Damit scheiterte er jämmerlich, denn die Russen nahmen ihn bald wieder gefangen und steckten ihn zur Strafe kurzerhand in eine Art Käfig, in dem er sich nicht mehr rühren konnte. Anschließend übergossen sie diese Gitterbox mit eiskaltem Wasser. Auf allen vieren kroch er heraus und überlebte diese Tortur nur knapp. Sein Fluchtversuch war ein Aufbruch ins Ungewisse und es brauchte den Mut seiner

Vorfahren, der wohl auch ihn ihm steckte. Schließlich waren seine Vorväter selbstbewusste Kapitäne gewesen, die sich auch nicht scheuten, gefährliche Gewässer zu überqueren.

Es ist die Rede von Heinrich Christian Leiss, der als Marinesoldat auf einem U-Boot 1944 von den Russen gefangen genommen und sofort nach Karelien gebracht wurde. 1923 erblickte Heinrich Christian als Sohn von Arnold und Johanne Leiss das Licht der Welt und entstammte somit der bekannten und inzwischen weit verzweigten Langeooger Kapitänsfamilie.

Als Heiner, nur unter diesem Namen lernte ich ihn ungefähr 1970 kennen, schließlich 1947 aus der Gefangenschaft entlassen wurde, schlug er sich in Richtung Friesland durch. Er landete abgerissen und als halbes Skelett in Bensersiel, froh, endlich wieder in der Heimat zu sein. Jetzt war es nur noch ein kleines Stück bis auf seine Insel. Da er aber kein Fahrgeld für die Fähre hatte, wollte ihn der damalige Fährkapitän nicht an Bord lassen, erinnert sich, als wäre es gestern gewesen, seine Ehefrau Dr. med. Gerta Leiss, geborene Petitjean. Heiner kam nur auf das Schiff, weil Langeooger Flüchtlingsfrauen Fürsprache für ihn einlegten und den Fährkapitän massiv bedrängten.

Nachdem ihn seine Eltern aufgepäppelt hatten, musste er bald einsehen, dass es für ihn als gelernten Schlosser auf der Insel keine berufliche Zukunft geben konnte. Er ging nach Hamburg und wurde bald Filialleiter des großen Tabakgeschäftes Hansen.

1956 kehrte er auf die Insel zurück und eröffnete in seinem Elternhaus, dort, wo sich heute das allseits geschätzte Café Leiss in der Barkhausen-Straße befindet, eine Eisdiele mit Milchbar. Jetzt wurden die Zeiten auch auf Langeoog spürbar besser.

Dass Heiner über reichlich Mutterwitz und Eigenwilligkeit verfügte, zeigt folgende Begebenheit. Ein Inselgast

Das Langeooger Urgestein Heinrich Leiss 1978. Er war der Besitzer des gleichnamigen Cafés in der Barkhausen-straße Nr. 13 und ein sehr eigenwilliges Original, das für seine Zeitgenossen manch kernigen Spruch auf Lager hatte.

kam zu Heiners bescheidenem Eisbuffet und stellte ihm die Frage: „Und was haben Sie für Sorten?" Heiner ant-wortete: „Vanille, Zitrone, Schokolade, Höhnerschiet …" Dazu passt auch, dass damals wie heute Inselgäste, die allzu vornehm und hochdeutsch daherkommen, von In-sulanern, die ihr Platt noch beherrschen, kurzerhand hinter ihrem Rücken als „Schiet- und Struntvolk" (Auf-geplusterte) bezeichnet werden.

Hinter Heiners rauer Schale verbarg sich neben sei-nem kaufmännischem Talent aber auch ein sehr mu-sischer Mensch, man kann sagen ein Schöngeist. Er verfügte über eine kraftvolle Gesangsstimme, die aber wegen der schlechten Zeiten leider nicht ausgebildet werden konnte. Außerdem malte er sehr geschickt Insellandschaften in Öl, insbesondere das Pirolatal mit seinen Herbstfarben, Wattstimmungen und Bilder vom Flinthörn.

Während ein Chefkonditor das große Café für ihn leitete, betrieb er mit seiner Frau, die noch als Ärztin am Festland tätig war, hinter dem Café einen Kunstgewerbeladen, der es wirklich in sich hatte. Damals gab es noch solche Geschäfte, die diesen Namen verdienten und ohne Kitsch und Nippes auskamen. Ihr Laden mit Keramiken, Glasobjekten, Bronzen, Steinskulpturen und Holzobjekten war einer davon und das Ehepaar holte sich einmal im Jahr auf der Frankfurter Handwerksmesse was es selbst gediegen, schön und irgendwie beeindruckend fand.

Viele Hundert Besucher drängten sich während der Saison dann in den Räumen hinter dem Café und fanden gelungene, kunsthandwerkliche Mitbringsel. Zusammen mit seiner geliebten Frau Gerta gab Heiner Leiss noch einen großen Bronzeguss seines Vorfahren Johann Wilhelm Leiss in Auftrag, der heute vor dem Café aufgestellt ist, bevor Heiner im Jahre 2005 starb.

Große handgeschnitzte Holzfigur im Café Leiss. Sie soll an den Vorfahren, Kapitän Johann Wilhelm Leiss (1858–1951), erinnern.

Acht Wochen Heu

HERTHAS MUTTER sowie die zwei Tanten und nach Kräften auch die Großmutter waren im Juli und August eigentlich rund um die Uhr nur damit beschäftigt, ihre Feriengäste gut zu versorgen. Sie selbst rückten eng zusammen und wichen sogar in Keller und Stall aus, um möglichst viele Erholungssuchende aufnehmen zu können. Keiner aus der Familie schlief dann mehr im eigenen Bett, sondern gab sich mit einer Art Lager aus Stroh, Heu oder auf einer Matratze zufrieden. Die kleine Hertha fand es sehr aufregend, wenn sich ihr Haus einmal im Jahr in einen Bienenstock verwandelte, und im Nachhinein grenzt es für sie an ein kleines Wunder, dass ihre Familie das Ganze überhaupt geschafft hat.

Es war das Jahr 1937 – die damalige Saison dauerte nur von Juli bis August – und das Publikum, das sich damals Ferien leisten konnte, war von seiner gesellschaftlichen Stellung her bürgerlich geprägt: Beamte, Anwälte selbstständige Handwerker, Ärzte, Offiziere sowie Inhaber kleinerer oder größerer Firmen. Hertha sah während dieser Zeit ihre Mutter oft schon um drei Uhr frühmorgens in der Küche stehen, damit beschäftigt, auf dem Herdfeuer die Kochwäsche der Gäste zu machen und sie dann, fast noch bei Dunkelheit, draußen auf die Leine zu hängen.

Es gab im Haus nur einen Wasserhahn in der Küche, und wenn morgens ein Herr heißes Rasierwasser benötigte, musste er es sich von dort holen. In allen Gästezimmern standen große Waschschüsseln aus cremefarbener Keramik, manche mit Blumenmustern, manche schon mit geometrischen Dekoren, sowie dazu passende Wasserkaraffen. Nach der Morgentoilette der Gäste mussten die Waschschüsseln picobello gesäubert und Frischwasser in die Karaffen nachgefüllt werden. Es gab im Haus zwei Toiletten auf dem Flur, aber natürlich kein

Badezimmer. Wozu auch? Für die damaligen Gäste war der Mittelpunkt ihrer Ferien gleichzeitig das beste Badezimmer: Die Nordsee.

„Lotti", die einzige Kuh, stand hinten im Stallgebäude und garantierte die Ernährung mit Milch und Butter. Von der Buttermilch konnten die Gäste nicht genug bekommen und geradezu versessen waren sie auf Dickmilch, die mit Schwarzbrot und Zucker gegessen wurde. Die Mahlzeiten, die Herthas Mutter zubereitete, mundeten allen sehr und so bestanden die Gäste darauf, alle drei Mahlzeiten nur bei ihr einzunehmen.

Keinem dürfte es nach dem Gesagten schwerfallen sich vorzustellen, wie viel Arbeit bei vierundzwanzig Hausgästen anfiel. Und das in einer Zeit, als nur die Grandhotels in St. Moritz oder Cannes vielleicht schon über Spülmaschinen verfügten. Bei den Mahlzeiten wa-

Strandleben auf Langeoog 1932. Die kleine Hertha Lüken mit einem Feriengast (im dunklen Badanzug) und ihren drei Tanten.

Feriengäste 1935 bei der Familie Lüken im Otto-Leus-Weg 8. Bis zu 24 Gäste konnten aufgenommen werden. In der Mitte der alte Möwenwärter Suntje Lüken mit seiner Frau.

ren es die Gäste, deren Teller als Erstes gefüllt wurden und erst ziemlich spät kamen auch die eigenen Kinder zu ihrem Recht. Da wurde manche Träne vergossen, beispielsweise, wenn vom Nachtisch nichts mehr übrig geblieben war.

Aber der Besuch der Gäste hatte auch angenehme Seiten. So z. B., wenn Hertha von den Gästen zum Hauptstrand eingeladen wurde oder auch zu Kutschfahrten Richtung Meierei. Hertha unterhielt sich und spielte mit den Kindern der Gäste. Diese Tage vermittelten ihr einen Blick auf die Welt außerhalb ihres doch eng begrenzten Umfelds auf der kleinen Insel. Manche Gäste mochten Hertha so gern leiden, dass sie ihr vom Festland Spiele, Bücher, Süßigkeiten und einmal sogar ein Kleid aus Amerika schickten.

Windlicht

LA TRAVIATA, die wundervolle Opernverfilmung von Franco Zeffirelli im überfüllten „Windlicht"-Kino, irgendwann an einem Sommerabend in den 80er Jahren des 20. Jahrhunderts. Nie vergisst man solch einen Kinoabend mit der einzigartigen Musik Giúseppe Verdis, inmitten eines vollbesetzten Kinos, mit vielleicht Einhundert gut gelaunten Urlaubern und wohl auch ein paar Eingeborenen. Sogar auf dem Gang saßen die Leute damals und alle waren hin und weg von der Handlung und der Musik.

All diese Zuschauer, für ein paar Tage ihrer Festlandssorgen entbunden, verfolgten gebannt die tragischschöne Dreiecksgeschichte zwischen Violetta, Alfred Germont und seinem Vater Georg Germont. Vor allem die Schlussbilder mit der Sterbeszene, die dann in dem Duett der sterbenden Violetta und Alfred „Oh, lass uns fliehen aus diesen Mauern" ihren Höhepunkt erreicht, ließ wohl keinen ganz ungerührt. Verdi soll es bei seiner Oper vor allem um starke seelische Regungen gegangen sein und beim „Windlichtpublikum" erreichte er dieses Ziel spielend. Als nach dem Ende des Films alle mehr oder weniger benommen ins Freie traten, blitzten über ihnen in mondheller Nacht zahlreiche Sterne über dem Hospizplatz am Inselhimmel.

1975 wurde das „Windlicht" am Hospizplatz von Uta und Rolf Zimmermann gegründet. Letzterer entwarf das dekorative Logo für sein Kino. Ein markantes Segelschiff, das den Schriftzug „Windlicht" trägt und aus geschmiedeten Eisenbändern besteht. Im Kino selbst gibt es kleinere Schiffe, jeweils mit integrierten Lichtern, die sie als Silhouette verstärkt hervortreten lassen. Mich erinnern sie jedes Mal an Joachim Ringelnatz und die Zeile „Es wippt eine Lampe durch die Nacht" aus seinem Gedicht „Nächtlicher Heimweg". Seit 2003 steht

Das Erkennungszeichen des „Windlicht"-Kinos. Der Besitzer, Rolf Zimmermann, hat es selbst gestaltet. Tausende Menschen dürften mittlerweile mit diesem Zeichen unvergessliche Erinnerungen verbinden.

dieses Kino unter der Regie von Tochter Stefanie und ihrem Mann Olaf Meeske.

Irgendwann stößt jeder Neuankömmling, der gerne ins Kino geht, auf das „Windlicht". Dass man es übersehen könnte, dafür ist die Insel zu klein. Jedenfalls steht es bereit, um seine Besucher in andere Welten zu entführen.

Stephanie Meeske, ein Kind der Insel und Tochter des Gründerehepaars Zimmermann, leitet heute mit ihrem Mann Olaf das Windlicht-Kino.

Echter Seemann

GERHARD SIEBELS, 1946 in Holtriem, zwischen Esens und Norden, geboren, erlebte seine Kindheit in Ostfriesland und fühlte sich schon früh zur Nordsee hingezogen. Er ist Langeooger, eigenwilliger Einzelgänger, Individualist und auf der Insel in gewisser Weise „Mann für alle Fälle". Bekannt als staatlich geprüfter und vor allem sehr humoriger Wattführer; aber auch Leuchtfeuerkundiger, Film- und Diavorführer, Inselfotograf, Inselgeschichtenerzähler, Elbseglerträger bei Tag und Nacht, Inselsafari-Erfinder, Umweltschützer, Strauchbesen-Werfer und Inselpatriot.

Nach Kindheit und Jugend erlernte Gerhard Siebels den Beruf des Seemanns von der Pieke auf. Er arbeitete als Matrose und später als Bootsmann meistens auf Stückgutfrachtern, die die Weltmeere befuhren. Auf Anhieb fallen ihm sofort ein paar Namen seiner Schiffe ein: „Magdalena Vinnen", „Johannes Fritzen", „Securitas" oder „Ursula Schulte". Von 1961 bis 1973 betrieb er die Christliche Seefahrt. So kennt er viele europäische Häfen von Marseille bis Piräus. Zwei Jahre betrieb er Hochseefischerei in Grönland auf der „Erich Ollenhauer", war in Skandinavien, der Türkei, Russland sowie in Nord-, Mittel- und Südamerika und auch in New York und Miami.

Aus diesen Jahren und der abwechslungsreichen Zeit auf den Schiffen ist ihm ein geläufiger Seemannsspruch in Erinnerung geblieben: „Jeder Seemann ein Artist, zwei Seemänner ein ganzer Zirkus".

Seit 1977 ist der Seemann Gerhard Siebels auf Langeoog und steuert sein Lebensschiff seither über trockenes Gelände. In unserem Gespräch erinnert er sich an das traditionelle „Struckbessen Smieten" (Strauchbesenwerfen), das er in seiner Jugend jedes Neujahr als echte ostfriesische Traditionsveranstaltung erlebte.

Oben: Bevor es ins total „Morastige" geht, erklärt der Wattführer Gerhard Siebels einer Schulklasse, was sie auf den Salzweisen und im Watt entdecken kann. Man muss nur aufmerksam gucken und zuhören!

Links: Der Wattführer Gerhard Siebels, der in der Saison Hunderte von Menschen durch ein Terrain der flachen Art führt, das er mittlerweile wie seine Westentasche kennt. Er erklärt sehr anschaulich und humorig das pflanzliche und tierische Leben im Watt, ergänzt durch Ausführungen zu wichtigen ökologischen Zusammenhängen.

Gerne würde er dies, wie das Bosseln, auf Langeoog ansiedeln.

Wer mit ihm ins Watt geht, erlebt Gerhard Siebels als sehr kenntnisreichen und engagierten Wattführer, dem auch stets der Schalk im Nacken sitzt. Wenn Schulklassen es einmal an der nötigen Aufmerksamkeit fehlen lassen, ruft er sie mit deutlichen Worten zur Ordnung, bis wieder „Ruhe im Schiff" ist.

Bild über Bord

DIE FREUNDE VON der Insel waren pünktlich und warteten mit ihrem kleinen Segler bereits auf uns, den sie vor einer guten Stunde an der Kaimauer des kleinen Hafens Bensersiel festgemacht hatten. Sie waren die lange, eiserne Leiter in der Kaimauer hochgeklettert und vertrieben sich rauchend die Zeit bis zu unserem Eintreffen. Außerdem machten sie sich über die von der Insel kommenden und über die sich zum Besuch anschickenden Leute lustig. Sie hatten das Geschehen gut im Blick, denn eine etwas bullig wirkende Fähre lag keinen Steinwurf von ihrem Warteplatz entfernt.

Dieses Schiff war nicht wie ein schlankes, rankes Ausflugsschiff gebaut, wie man es vom Bodensee und der Donau kennt. Es musste wohl, ökonomischen Zwängen gehorchend, dieses Stumpfe bekommen, um neben Hunderten Fahrgästen auch enorm viel schwerstes Frachtgut auf das Eiland transportieren zu können.

Nachdem die alten Fahrgäste gegangen waren, nahm es wieder neues Menschengewimmel auf. Das wurde nur kurz von den weißen Schiffsaufbauten mit seinen Gängen, Treppen, Kabinen und Decks geschluckt, um schon kurze Zeit später auf den Außendecks aufzutauchen. Es war schließlich bestes Sommerwetter und alle wollten ab jetzt möglichst oft den hohen, weiten Himmel über sich spüren. An Deck, über das gesamte Schiff verstreut, vermittelten sie den Eindruck eines besonders gut aufgelegten Völkchens, das mit viel hoffnungsfrohen Erwartungen seinen Inseltagen entgegensieht. Indiz dafür waren die vielen bunten Farbtupfer der Menschen selbst. Besonders von Weitem mussten sie den Eindruck einer ausgesprochen harmonisch angelegten Unternehmung vermitteln. Zudem hing am Mast des Schiffes eine vielfarbige Fahne mit einem großen L, an der der Wind, trotz des guten Wetters, mächtig zerrte. Das Tuch er-

Wer im Oktober, wie hier mit der Fähre, nach Langeoog übersetzt, muss sich schon etwas „Dickes" überziehen, auch wenn er noch mit wärmender Sonne rechnen kann. Schon während der Überfahrt fallen die Alltagssorgen ab und der Mensch verwandelt sich wieder in ein „freies Wesen", das kein Auto mehr bedrängt.

zeugte ein hartes Knallen und Knattern. Anders die vielen Fähnchen, die die Kinder mit sich trugen, aber auch sie wurden von der leichten Brise hurtig in Bewegung gehalten und keines hing schlaff herunter. Abgerundet wurde diese Idylle von Abschiedsrufen, von Kindergeschrei voller Vorfreude und Möwengeschrei.

Dieses Bild von einem Junitag des Jahres 1978 mit seiner wunderbaren Sommertagsatmosphäre hat sich mir fest eingebrannt. Mit wie viel schönen Erwartungen der Mensch sein Festland verlässt, auch wenn er sein Auto zurücklassen muss.

Während die Fähre ablegte, erreichten mein Begleiter Wolfgang und ich mit unserem Kombi das Hafengelände. Wir sahen schon von Weitem unsere Insulaner rauchen und vor allem warten, denn wir waren ja mit viel Verspätung eingetrudelt. Deshalb und weil wir Landratten waren, wurden wir mit allerlei Frotzeleien empfangen.

So wollte der gute Ernst, der nie in seinem Leben ein Lenkrad in den Händen gehalten hatte, gleich wissen: „Wo hemt ji jou denn verfohrn?" (Wo habt ihr euch denn verfahren?) und „Hems se jo nich van to Hus wegloaten?" (Haben sie euch nicht von zu Hause weggelassen?) und weiter: „Sünt ji in Jever versackt?" (Seid ihr etwa in Jever versackt?)

Sie hatten irgendwie ja recht, denn mit dem geliehenen Kombi war ich eher vorsichtig gefahren. Wir hatten sie zu lange warten lassen und sie mussten sich jetzt erst etwas abreagieren. Es hätte bloß noch gefehlt, dass wir Befürchtungen hinsichtlich der kommenden Schaukelei auf ihrem Boot geäußert hätten. Wir bissen unsere Künstlerzähne also fest zusammen.

Bald konnten wir den Freunden dann auch unsere Bilder entlang der verflixt langen Eisenleiter in der Kaimauer herunterreichen. Es herrschte wohl niedriger Wasserstand, die Leiter ging für uns entschieden zu tief runter, unten schaukelten sie im Segelboot und gleich das erste Bild landete prompt unter großem Gejohle im Hafenbecken. Es machte kurz „platsch" und ein gerahmtes Aquarell von Wolfgang versank sofort im brackigen Wasser, wo es bis heute ruht. Ein Aquarell, wie passend! Wasser zu Wasser.

Daraufhin übernahm Ernst das Oberkommando und wir durften unseren „Kram" nur noch bis an die Eisenleiter tragen und mussten die Hände von allem Weiteren fernhalten. Schlussendlich waren unsere zwanzig Aquarelle, ebenso viele Ölgemälde und ein paar Zeichnungen, minus ein Abgang, eben unsere gesamte Ausstellung, in

Der exzellente Langeooger Konditormeister Ernst Lütze. Hier fotografiert in seiner neu erbauten Backhalle am Schniederdamm.

dem Segler verstaut und konnte endlich, von kompetentem Enterpersonal bestens bewacht, Kurs Langeoog nehmen.

Klar, es ging nicht gerade von Neapel nach Capri hinüber, aber Wolfgang und ich waren sehr froh und vor allem meinem Freund Ernst dankbar, dass er diese Ausstellung für uns auf seiner Insel organisiert hatte. Während der eineinhalbstündigen Überfahrt kam bei allen doch noch eine gute Stimmung auf, trotz des abtrünnigen Aquarells.

Mein Freund Wolfgang, doppelt so alt wie ich und ein gestandener und anerkannter Maler expressionistischer Schule, sah den Dingen mit viel mehr Selbstvertrauen entgegen als ich. Ernst, obwohl noch relativ jung, hatte als erste Autorität im Segler etwas von einem friesischen

Hier sitzt mein Mentor und Freund, der Maler Wolfgang Beckmann, in unserer Ausstellung und raucht. Ich glaube, er „schmökte" Ernte 23, was mich nie gestört hat. Hinsichtlich unserer empfindlichen Bilder bemerkte er gerne: „Das muss ein gutes Bild alles aushalten können." Recht hatte er.

Häuptling. Er war bärtig, wirkte sehr vertrauenserweckend und bestrebt, das ihm Anvertraute sicher überzusetzen. Er stand vorn im Boot und ließ seinen Blick von Zeit zu Zeit über die kostbare Fracht und dann über uns gleiten.

Im Hafen Langeoog standen schon zwei E-Karren bereit und Ernst wurde seinem Häuptlingsstatus mehr als gerecht, als er auf seinem edlen Hollandrad an der Spitze unseres Tross zum Haus der Insel führte. Keiner der Elektrokarrenfahrer wagte es, ihn zu überholen.

Ich betrachtete es als große Ehre, mit einem echten Profi wie Wolfgang ausstellen zu dürfen, denn im Grunde war ich noch ein blutiger Dilettant. Noch. Und ich konnte gar nicht ahnen, dass diese Ausstellung für mich persönlich nur der Auftakt zu vielen Ausstellungen auf Langeoog bis in die 90er Jahre des zwanzigsten Jahrhunderts werden sollte.

SOS: Save our souls

FUNKT JEMAND auf See „SOS", geht es meistens wirklich, wie in diesem alten Telegrafiefunkspruch auf den Punkt gebracht wird, um die flehentliche Aufforderung „Save our souls": „Rettet unsere Seelen!"

Gerriet Leiß, den Vormann des leuchtend roten Seenotrettungsbootes, hatte ich durch eine Fehlinformation auf seinem Diensthandy erwischt und das nur, um mit ihm ein eigentlich unwichtiges Gespräch zu führen. Allerdings geht bei diesem Klingelton, wie er mir dann sagte, sein Puls sofort hoch. An so etwas denkt ein Festländer, der nicht einmal in ein Segelboot auf dem Starnberger See steigt, natürlich nicht und kann sich dann nur entschuldigen.

Man erwartet vielleicht nicht, dass schon die Durchfahrten zwischen den Inseln für den Segler eine Menge Gefahren bergen. Wie zum Beispiel zwischen Langeoog und Baltrum, wo während Ebbe und Flut ungeheuer viel Wasser hin und her transportiert wird und gefährliche Strömungen entstehen können. Herrscht dabei noch Sturm, lagert das Meer enorm viel Sand an Stellen ab, die vorher völlig frei waren. Wo man morgens also noch problemlos durchsegeln konnte, kann die See zwischenzeitlich gewaltige Sandbarrieren hingewuchtet haben, die dann gefährlich hoch unter der Wasseroberfläche lauern und oft nur am Wellenschlag erkennbar sind. Wenn ein Segler diese Dinge nicht beachtet und weiß, kann mit seinem fröhlichen Törn ganz früh Schluss sein und er findet sich plötzlich manövrierunfähig auf einer Sandbank wieder.

Das tiefe Seegatt (1) zwischen Langeoog und Baltrum, die „Accumer Ee" (2), ist, wenn man so will, eines der Hauptarbeitsgebiete von Gerriet Leiß. Wenn es darauf ankommt, ist er mit seiner Mannschaft in 20 bis 30 Minuten mit der „Caspar Otten" (3) dort. Die Arbeit

Gerriet Leiß, Vormann des Seenotrettungsbootes „Caspar Otten" der Deutschen Gesellschaft zur Rettung Schiffbrüchiger (DGzRS).

eines Vormannes funktioniert ungefähr wie die eines selbstständigen Unternehmers, er ist letztlich für alles verantwortlich. Sein Boot mit der gesamten Technik und Ausrüstung muss immer, Tag und Nacht, am ersten Weihnachtstag und natürlich auch in der Silvesternacht auslaufbereit sein. Er kann sein Diensthandy nie ausschalten und muss zudem bei einem Einsatz ganz schnell eine Crew aus Inselfreiwilligen zusammentrommeln. Dies alles ist natürlich nur von einem Menschen zu leisten, der ungeheuer viel Spaß an der Seefahrt hat und Menschen wirklich helfen will. Und es braucht eine gewisse Selbstlosigkeit, sich für andere in Lebensgefahr zu begeben. Nicht zuletzt können auch Seenotrettungsboote einmal selbst in Gefahr geraten, wenn die Elemente zu verrückt mit ihnen „Ball spielen". Das arg strapazierte Wort „Idealismus" ist hier gut am Platz, denn die Entlohnung eines Vormannes ist nicht die eines Unternehmers.

Seit 2004 ist der 1967 geborene Langeooger Gerriet Leiß Vormann auf der „Caspar Otten" und seit dieser Zeit fuhr er neben den Rettungseinsätzen auch allein 400 Krankentransporte nach Bensersiel. Aber die echten Seenotrettungseinsätze lösen wohl bei allen Vormännern und ihren Besatzungen jenen Nervenkitzel aus, der Außenstehenden schwer zu vermitteln ist.

Ob Mut zu ihrer Arbeit gehört, so etwas darf man solche Leute eigentlich nicht fragen. Die meisten machen es nach altem Brauch, weil es gemacht werden muss und früher und vielleicht heute auch noch Christenpflicht ist. Wenn man als ängstliche Landratte trotzdem nach Mut fragt, nicken nur ihre Frauen, wenn sie in der Nähe sind. Sie nämlich haben Angst, wenn das Diensthandy morgens um zwei Uhr klingelt, ihre Männer aus dem Bett springen und auslaufen in stockfinsterer Nacht in eine stürmische See. In einem relativ kleinen Boot, mit Kompass, Radar und elektronischer Seekarte, angetrieben von dem unbändigen Willen, Menschen zu helfen, koste es, was es wolle.

Gerriet Leiß: „Den Gemütszustand Angst können wir uns dabei nicht leisten, die kommt vielleicht, wenn alles beendet ist." Gerriet Leiß spricht von Respekt, den er vor den Elementen hat. Diese nie zu unterschätzen, hilft ihm, schwierige Situationen zu meistern. Der Vormann noch einmal wörtlich: „Angst lähmt nur und muss soweit zurückgedrängt werden, dass sie die Arbeit nicht behindert."

Ich habe im Gespräch mit ihm als wichtige Erkenntnis gelernt, dass Wellen, die sich brechen, gefährlich sind, weil sie auf Sand hindeuten und Wellen, die Schaumkrönchen vom Wind tragen, normales, gut befahrbares Wasser garantieren.

Ganz am Ende soll nicht unerwähnt bleiben, dass dieser noch sehr jugendlich wirkende Mann, um den es bisher ging, der Sohn des bekannten und verdienten Vormannes Heinrich Leiß ist. Letzterer war von 1973 bis 1980 Vormann des Seenotrettungsbootes „Langeoog", das als Museumsschiff vor dem „Haus der Insel" liegt, außerdem 1980 bis 1988 Vormann des Seenotkreuzers „Hans Lüken".

Fischkutter mit Beiboot. 1956 im Langeooger Hafen von meinem Freund Jürgen Schütte während der Kinderkur fotografiert.

(1) Gatt, Bezeichnung für enge Meeresdurchfahrt.

(2) Accumer Ee, das Seestück zwischen Langeoog und Baltrum.

(3) Caspar Otten, Name des Seenotrettungsbootes auf Langeoog, nach dem sehr verdienten Mann benannt, der viele Menschen vor dem Ertrinken rettete.

Gestillte Zeit

WENN ICH NACHMITTAGS am Flinthörn (1) durch
das Muschelfeld gehe, sehen die vielen Windräder an
der Küstenlinie im Gegenlicht aus wie die Außenfront
eines riesigen Friedhofes mit Riesenkreuzen, besonders
bei Windstille. Diese Assoziation stellt sich aber nur bei
entsprechendem Sonnenstand ein, ansonsten ist es nur
eine Parade hüftsteifer Windmühlen, die dem hohen
und weiten Himmel nicht gefährlich werden können.
Allerdings werden die Menschen in unmittelbarer Nähe
dieser Maschinen ganz anders darüber denken. Hier auf
der Insel oder gar im Meer brauche ich sie auf keinen
Fall, es sei denn, ein Energieengpass würde es zwingend
notwendig machen.

Der Wind hat auf Langeoog einen anderen Klang als
am Festland, bilde ich mir oft ein, wobei ich den Un-
terschied, die Nuancen nicht konkret benennen kann.
Der Wind ist der Kontrahent zu Stille, der Hauptprota-
gonist, der in vielen Abstufungen für Klangvariationen
sorgt. Sein Ton, auch der des Sturmes, der Regen- und
Hagelschauer und natürlich der Gewitter, gehört neben
den Anprallgeräuschen des Meeres, mit heftiger Brandung, zu den stärksten Naturgeräuschen. Er beherrscht
souverän die Szene und lässt den Schrei eines Seevo-
gels fast untergehen. Andere Schreie von Tieren gibt es
nicht. Höchstens noch das Wiehern eines Pferdes oder
das Bellen eines Hundes. Beides klingt in Strandnähe
elementarer als am Festland, verweht aber schnell im
leeren Raum.

Tagsüber gibt es ein paar Zivilisationsgeräusche:
Klappern von Pferdehufen und Schiffssignale. An den
Wochenenden Sportflugzeuge und vor allem, eigentlich
vom Hell- bis zum Dunkelwerden, das Surren oder der
Singsang der vielen Elektrokarren. Letzteres Geräusch
empfinde ich überhaupt nicht als störend. In seiner mo-

notonen Gleichförmigkeit wirkt es sogar einschläfernd. Diese E-Karren sind die nicht wegzudenkenden Arbeitsbienen und garantieren, dass Koffer, Blumenkohl und Brötchenmehl pünktlich eintreffen.

Hier ist Stille, hier ist viel davon. Die Insel ist vom Sturm blankgefegte Stille. Wie soll man über sie schreiben, ohne gleich philosophische Deutungen zu bemühen. Es ist so, als wollte man über das Nichts berichten.

Vielleicht gibt es einen Ansatz, wenn ich versuche, Aspekte des Gegenteils von Stille aufzugreifen. Der nervtötende Krach breitet sich am Festland in beängstigender Weise aus. Er wird zwar beklagt, aber von allen hingenommen. Kein Briefträger, der um vierzehn Uhr an einer Haustür schellt, muss mit Beschwerden rechnen. Kein Edelrentner, der seinen Laubsauger, „das neueste Foltergerät", am Samstagmorgen anwirft, wird mit unwilligen Blicken bedacht, eher mit bewundernden.

Neuerdings gibt es Lärm an Abenden, in Nächten, bald kommen wohl alle Sonntage hinzu. Für jede noch so kleine Tätigkeit wird ein elektrisches Gerät entwickelt und sofort in Massen gekauft. Alles was einen Stecker hat, bleibt nicht lange im Kaufhausregal liegen. Gibt es ein Grundrecht auf Stille? Vielen wird ihr Leben mächtig vergällt. Eine Dame aus Berlin erzählte mir, dass man dort schon krank wird vom nicht mehr endenden Krach.

Auf Langeoog ist noch Stille, wie ein selten gewordenes Insekt, nur durch ein paar Regeln vor dem Aussterben bewahrt. Obwohl sich die Insel früh dem Massentourismus geöffnet hat, entleert sie sich spätnachmittags schnell wieder und bleibt an den wichtigsten und schönsten Stellen ziemlich menschenleer.

Sofort nach dem Übersetzen vom Festland verschwinden bei vielen oft die drückenden Alltagssorgen, als könnte von hier aus alles eine neue, richtige Deutung bekommen. Als könnte vieles noch einmal von vorn be-

Der Weststrand, Richtung Flinthörn, bietet Ruhesuchenden schnell das Erlebnis „Einsamkeit".

Eigenwilliger Holzfund in der Brandung. Das Stück, fast eine perfekte Skulptur, zeigt die typischen Löcher und Gänge einer Bohrmuschel.

ginnen, als sähe von hier aus die übrige Welt ganz anders aus. Viele kennen das und kommen immer wieder, obwohl das kulturelle Angebot begrenzt ist. Die Menschen kommen trotzdem, vielleicht gerade deshalb. Eine Flucht ins Nichts. Belassen wir es bei einer Flucht in die Stille, die das fast verschüttgegangene Ich wieder freilegen kann. Vielleicht die eigene Sicht auf sich selbst, auf die Seinen und auf die Welt wieder klärt.

Viele, die diese Stille kennenlernen, machen aber auch schnell wieder kehrt. Sie ist ihnen zu stark, fühlen sich ihr nicht gewachsen, brauchen lebhaftere Lebensbedingungen.

Die Stille wird, wenn man ein paar Wochen hier in ihr ist, ganz schnell zur selbstverständlichsten Sache der Welt. Lärmterror und Luftverpestung werden schnell vergessen.

Langeoog hat ein respektables Wäldchen, und dort wo Häuser stehen, lässt man viele Bäume, Sträucher und Gräser über Grundstücksgrenzen hinweg frei wuchern und sich ausbreiten. Es gibt natürlich auch Gärten unter strengem Regiment von Kleinbürgern, die der Natur, genau wie am Festland, die bekannten, ganz engen, kurz gehaltenen Korsetts anlegen. Wie sollte es anders sein.

Noch gar nicht herausgestellt habe ich, dass es auf Langeoog keine Autos gibt. Wer hier ankommt, läuft herum, als wäre er plötzlich in eine andere Welt hineingestellt worden. Dieses trifft ja zu, wo gibt es sonst noch einen Ort ohne Autos und ihre Auswirkungen? Der Neuankömmling fühlt sich unter Umständen sofort aller lästigen Verkehrsregeln entbunden und bewegt sich so ungezwungen, dass er Elektro-Karren, Radfahrer und Pferdewagen oft völlig unbeachtet lässt, weil er, wie in seinem unschuldigen Kindheitssandkasten, herumtapst. Zu fantastisch und wirklichkeitsfremd kann diese Realität daherkommen.

Die Nächte sind hier mehr als still, viel mehr. Wer dann lange wach liegt, hat etwas davon. Manchmal, wenn sich der Gedanke verflüchtigt hat, dass dieses herübergewehte starke Rauschen der Brandung im Tonfall mit dem Waldesrauschen am Festland identisch ist, ergeben sich ganz andere Gedanken. Oft kommt es mir vor, weit draußen auf dem Meer zu sein, inmitten seiner Stürme. Dann, viel weiter entfernt, auf einer wirklich abgelegenen Insel, der das Toben und Fauchen über dem Meer entfesselter Wetter aber nichts anhaben kann. Wieder existenziell eingebunden zu sein in die launischen Gepflogenheiten einer Natur, an die noch nicht Hand angelegt wurde.

(1) Flinthörn, Flint = Stein, Gegend im Westen der Insel.

Marlenes herrliche Fischpfanne

ALS KLEINE VORBEMERKUNG sei gesagt, dass unser Fisch damals von Ernst Lütze oft selbst in der Nordsee geangelt wurde. Aber auch heute lassen sich auf Langeoog noch fangfrische Schollen und Seezungen einkaufen. Das Fischgeschäft, in Bahnhofsnähe gelegen, bietet die Möglichkeit.

In diese Fischpfanne kommen die Edelfische Scholle und Seezunge, von beiden die Filets. Beide Fische mit etwas Salz einreiben, etwas pfeffern und gleichmäßig in Mehl wenden. Je nach Geschmacksempfinden kann man sie auch mit Ei bestreichen und in Paniermehl wenden. Ich ziehe allerdings die Methode in „Nature" vor. So aßen wir die Fische immer bei Marlene.

Die Filets jeweils in gesonderten Pfannen von beiden Seiten goldbraun braten und nur mit Frischzitrone servieren.

Dazu gibt es Salzkartoffeln, etwas zerlassene Butter sowie einen Salat.

Durch das Weglassen zusätzlicher Gewürze und Ingredienzien kann nichts den einmaligen Frischfischgeschmack dieser Mahlzeit beeinträchtigen.

Das Mädchen im geblümten Kleid

ES WAR WOHL sein Schicksal, dass man ihn auf diese abgelegene friesische Insel gebracht hatte. Vielleicht viel besser als in ein Lazarett, weit von Deutschland entfernt. Es war noch Krieg, man schrieb das Jahr 1944, er war beim Russlandfeldzug schwer verwundet und mit der „Pretaria" von der Afrika-Linie nach Swinemünde verfrachtet worden. Von dort ging's nach Sanderbusch bei Wilhelmshaven und danach in ein Krankenhaus nach Varel. Dann kamen plötzlich kanadische Soldaten mit vorgehaltenen Maschinenpistolen in die Krankenzimmer, nahmen ihn gefangen und transportierten ihn und ein paar andere aus seiner Abteilung nach Langeoog.

Bei dem Mann, von dem hier die Rede ist, handelt es sich um den jungen Robert Scholten, der 1921 in Hasselt bei Kleve am Niederrhein geboren wurde und aufwuchs.

Auf Langeoog funktionierten die Kanadier kurzerhand einige größere Hotels in provisorische Lazarette um, darunter auch das „Deutsche Haus" in der Dorfmitte, wohin Robert schließlich gebracht wurde. Er lag, an seiner Fuß- und Bauchverletzung laborierend, im unteren großen Saal, wo noch fünfzig weitere Verletzte von nur einem Arzt und einer Krankenschwester versorgt wurden. Aber die Kanadier schufen schnell Abhilfe und rekrutierten Langeooger Mädchen, die Sanitäts- und Pflegedienste verrichten mussten.

Darunter waren auch die Langeoogerin Hertha Lüken und einige ihrer Schulkameradinnen. Auf der Insel lebte man in dieser Zeit äußerst bescheiden und selbst manche Einheimische litten Hunger. Das bekamen dann besonders die kriegsverletzten Gefangenen zu spüren. Manche Beinamputierte sah man, wie sie sich auf erbärmlich anzuschauenden Rollbrettern mühsam zur Möwenkolonie bugsierten, um dort ein paar Mö-

Hertha und Robert Scholten vor ihrem Haus auf Langeoog im Oktober 2008.

weneier zu erbetteln. Ähnliche Szenen spielten sich an der Kuhweide am Bahnhof ab, wo die Gefangenen versuchten, vielleicht etwas Milch in ihren Becher zu bekommen.

Als es unserem Niederrheiner Robert allmählich etwas besser ging, erkundete er humpelnd seine nähere Umgebung im Dorf. Das Schaufenster eines Fotografen hatte es ihm besonders angetan. Zwischen den vielen anderen Fotos mit größtenteils Nordseemotiven hing auch die Fotografie eines jungen Mädchens in einem geblümten Kleid. Als er ihr Gesicht anschaute, vergaß er Einsamkeit, Hunger und das ganze Elend, das ihn umgab. So oft sein schlimmes Bein es zuließ, pilgerte er zu dem Schaufenster mit dem Antlitz dieses wirklich „lecker Mädchens", wie man in seiner Heimat über Frauen sagte, die es einem besonders angetan haben.

In dieser hoffnungslosen Zeit projizierte er seine ganzen Sehnsüchte in dieses hübsche Gesicht, wenn er tagsüber mit offenen Augen auf dem harten Eisenbett lag und seine Gedanken kreisen ließ. Sein Bett stand hinter einer dicken Säule, sodass er den Saal nicht vollends im Blick hatte. Zunächst traute er seinen Augen nicht, als plötzlich sein „Mädchen aus dem Schaufenster" an seinem Bett vorbeilief. Es war damit beschäftigt, die blechernen Essgeschirre der Soldaten einzusammeln. Robert erkannte, wie jung sie noch war und dass sie auch in Natura vollkommen seinen Vorstellungen entsprach.

Nachdem es einer Reihe von Kranken besser ging, veranstaltete man „Bunte Abende", um die Stimmung ein wenig aufzubessern. Anlässlich eines solchen Abends blickten sich Robert und das „Mädchen aus dem Schaufenster" etwas tiefer in die Augen, kamen sich in den folgenden Wochen näher und viel näher und waren sich schließlich ihrer Zuneigung, die auch Liebe heißt, sicher.

Das Mädchen hieß Hertha, war 1928 auf Langeoog geboren, wohnte keine zehn Minuten vom Lazarettsaal in einem urigen Friesenhaus und hatte gerade die Handelsschule in Wilhelmshaven beendet. 1945 hatten sich die beiden kennengelernt und das Ende des schlimmen Krieges sollte ihr harmonischer Anfang sein, denn schon 1947 wurde auf Langeoog Hochzeit gefeiert und der lebensfrohe Niederrheiner Robert hatte sein „lecker Pipper" (Niederrheinische Mundart = „Kartöffelchen") bekommen. So war er im Nachhinein zufrieden, als Gefangener gerade hier gelandet zu sein.

Genauso glücklich war die stille Insulanerin Hertha, deshalb fiel ihr der Abschied von der Insel nicht schwer, als das Paar 1952 nach Dinslaken ging und ihr Mann in den folgenden 37 Jahren als Mechanikermeister in der damals bekannten Schuhfabrik Gustav Hoffmann für das Funktionieren von 900 Nähmaschinen verantwortlich war.

Erst 1989 kehrte das Paar wieder nach Langeoog zurück, dorthin, wo ihre gemeinsame Lebensgeschichte vor 44 Jahren begonnen hatte. Dort lernte ich beide im September 2008 als vitale, aufgeschlossene Menschen kennen, sofort bereit, mir, dem Fremden, vertrauensvoll persönliche Dinge aus ihrem Leben zu erzählen.

Robert Scholten.
Der Niederrheiner ist eine
Frohnatur. Er beweist Jahr
für Jahr an seinem Haus,
dass auch im Sand
vorzüglich Rosen blühen.

Tafelsilber

WENN SICH dieses Blatt wendet, ist es weiß. Wenn das kein gutes Zeichen ist! Es gehört der Silberpappel, ist an der Oberseite dunkelgrün und an der Unterseite eigentlich mehr grau-weiß als silbrig. Ein mich jedes Mal wieder verblüffender Kontrast. Diese heimische Baumart kann bekanntlich bis zu vierhundert Jahre alt werden und ist als Pionierpflanze, deren starker Wurzeltrieb Böden verfestigt, gut für die Insel geeignet. Fest steht, sie fühlt sich hier wohl, denn man begegnet ihr auf Schritt und Tritt und sie wird schnell zur guten Bekannten.

Um aber den eingangs erwähnten, beeindruckenden Farbkontrast am ganzen Baum erleben zu können, bedarf es des Windes. Noch effektiver ist gleich ein Windstoß, der in den Baum fährt und sein Outfit umkrempelt. Der dunkelgrüne Baum, oder zumindest Teile von ihm, werden dann silbrig-weiß. Bei Sonne bekommt er ein Erscheinungsbild, das fast ein bisschen blendet.

Irgendwann werde ich dahinterkommen, was diese Baumart veranlasst, auf so viel „Flitter" zu setzen oder sich bewusst so „alt zu machen". Ich kann mir des Rätsels Lösung eigentlich schon denken, es wird mit Existenzsicherung zu tun haben und dann muss seine Eigenart, das durchgefärbte Grünmuster aufzugeben, größtes Verständnis hervorrufen.

Sehr gern sehe ich diese helle Krone auch vor blauen, sogar etwas stahlblauen, schon kalten Herbsthimmeln. Oft kann dann noch ein feingestricktes Rascheln, fast Knistern der schon trockenen Blätter hinzukommen. Auch dieses, vom Wind akustisch in Szene gesetzt, um gewissermaßen die Zeit des Winters, der Ruhe und Besinnung einzuläuten. Nur, ob sich solche Geräusche auch auf dieser stillen Insel ohne Autos, beim vorbeisausenden Radfahrer, sympathischen Pferdefuhrwerk oder Elektrokarrenfahrer noch Gehör verschaffen können, ist

Wenn Wind in die Silberpappeln hineinfährt, verwandeln sie sich plötzlich in üppig blühende Bäume oder sogar Schneegebirge. An der Oberseite ist das Blatt dunkelgrün, an der Unterseite silbrig-weiß.

eher unwahrscheinlich. Zumindest der hier noch nicht ausgestorbene Fußgänger hat die Chance eines Zugewinnes an äußerst bereichernder Klangkulisse. Es gilt: Freier Eintritt.

Ostende

AUF DEM WEG zur Meierei, weit im äußersten Osten der Insel, sieht man zu beiden Seiten des Plattenweges in den Dünen und Salzwiesen Falken jagen. Diese Turm- und Wanderfalken und noch andere Vögel begleiten jeden, der hier unterwegs ist, zu einem Abstecher zur Gaststätte „Meierei Ostende" und deren Pächterfamilie, die auch Falke heißt. Wer zu Fuß so weit hinauswandert, dem teilt sich die große Ruhe, die hier alles ausströmt, unvermittelt mit. Wer mit dem Fahrrad kommt, erhält nur einen Bruchteil davon. Vorbei geht es an der alten Vogelkolonie und klotzigen Jugendherberge, in der ich vor vierzig Jahren mal ein paar unruhige Herbstnächte verbracht habe. Der nächtliche Sturm und ein fast leerer Schlafsaal ließen mich damals nicht zur Ruhe kommen.

Klaus Falke habe ich durch einen Langeooger Freund flüchtig kennengelernt. Jetzt stellt mir der immens wetterfest wirkende Pächter auch seine Frau Doris, eine gebürtige Essenerin, und die gemeinsame Tochter Dagmar vor. Letztere betreibt heute mithilfe der Eltern und von Helfern die Gaststätte „Meierei Ostende". Schon seit 1930 ist diese niedersächsische Domäne an die Falkes verpachtet. Es begann mit Dagmars Großeltern Hildegard und Erich Falke. Jetzt wirkt hier die Enkelin, 1963 auf der Insel geboren, mit viel Elan und Freude bei der nicht wenigen Arbeit.

Nach seinem stärksten Erlebnis hier weit draußen an der total einsamen Ostspitze der Insel gefragt, braucht Klaus Falke keine Sekunde nachzudenken. Er erzählt sofort von der Sturmflut im Jahre 1962 und der dramatischen Februarnacht vom 16. auf den 17., als der „Blanke Hans" versuchte, die gesamte Meierei zu überschwemmen und auch die Häuser mit Wasser zu füllen. Für Angst war gar keine Zeit. Das Meer stand bis zu den Fensterbänken und seine junge Frau, sein Vater und er

Große Abbildung oben:
Mit ein wenig Kondition schafft man
es auf dem Fahrrad leicht zur Meierei
ganz im Osten der Insel. Wer gut zu
Fuß ist, unternimmt eine Tagestour,
unterbrochen von einer ausgiebigen
Rast in der Meierei.

Kleine Abbildung oben:
„Dickmilch mit Zucker und Schwarzbrot". Die Meierei am Ostende bietet diese selbst gemachte, ungemein
wohlschmeckende Milchspeise aus
guter alter Tradition an. Alternativ
wird sie auch mit Sanddornsaft serviert und hat weder Geschmacks-
verstärker noch Haltbarkeitsmittel
nötig.

Abbildung links:
Der langjährige Pächter der Meierei,
Klaus Falke, ein Langeooger Urgestein. Er hat auf dem Außenposten
der Insel manche Sturmflut erlebt.

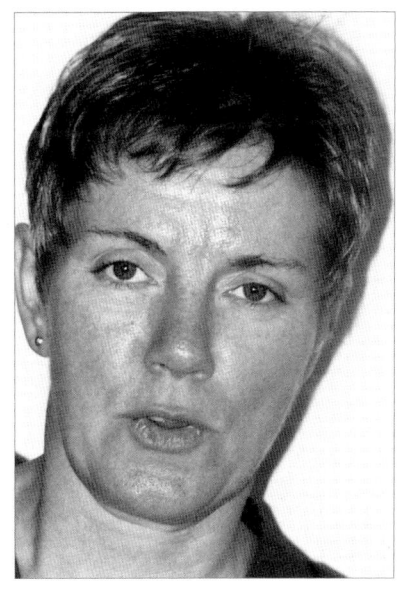

Die Inhaberin der Gaststätte „Meierei Ostende" Dagmar Falke. Mit ihren Eltern Doris und Klaus bewirtschaftet sie diesen traditionsreichen Ausflugsort.

verteidigten mit Sand Türritzen und Kellerfenster vor den Flutwellen. Vorher hatten sie die Kühe in die Dünen gebracht. In den Wohntrakt der Familie schaffte es das Wasser nicht. Es ließ dann von den Inseln und der Küste ab, drängte verstärkt in die Deutsche Bucht und bescherte u. a. Hamburg die legendäre Jahrhundertflut. Erst 1975 wurde auf Bestreben Klaus Falkes der Domänenkomplex mit einem eigenen Deich umzogen und geschützt. Schon ein Vierteljahr später kam wieder eine Sturmflut, nagte aber nur am Fuß des neuen Deiches, der seine Bewährungsprobe bestand.

Vom profanen Festlandslärm wissen die Falkes hier draußen nichts, ihre Ohren nehmen die vielen Naturgeräusche umso intensiver auf. Ihre Sinne besitzen vielleicht noch die feine Witterung des Naturmenschen. Wer in dieser Abgeschiedenheit auf Dauer bestehen will, muss eine gehörige Portion Stärke und Eigenwilligkeit mitbringen, wird aber, wie die Falkes, mit keinem anderen Ort tauschen wollen.

Sagenhaft viel Karibik

DEN KANNTE JEDER auf der Insel, den Langeooger Jungen Ernst Lütze. Während seines Jobs als Chefkonditor im Café Leiss von 1968 bis in die 80er Jahre führte er auf der Insel die beliebte „Rumflocken-Torte" ein. Er hatte sie mit seinem Chef, Heiner Leiss, auf der großen Internorga-Ausstellung 1970 in Hamburg kennengelernt und sofort für seine Insel vereinnahmt. Er kreierte ein Tortenrezept mit sehr viel echtem Jamaika Rum und stellte damit andere Torten am Festland, die auch diesen Namen trugen, weit in den Schatten. Bei dem Rum, dem ich das sagenhaft wohlschmeckende Aroma zuschreibe, handelt es sich um „Captain Morgan 73% Vol", den man am ehesten im Fachhandel findet.

Meine Frau freute sich schon lange vor Ferienbeginn auf diese Rumflocken-Torte und vor allem auch auf seinen Tee. Ernst Lütze führte das Wort Qualität nicht bloß im Mund, sondern setzte es, wo er konnte, in die Praxis um.

Auch sein Ostfriesentee setzte Maßstäbe. Er goss ihn natürlich „auf Blatt" und servierte ihn auf hohen blitzenden Messingstövchen mit vielen Durchbrüchen, durch die der Kerzenschein seine Lichtreflexe in den Raum sandte und nicht wenig Stimmung verbreitete. Das ganze Teegedeck wurde auf einem dunkelgebeizten und handgeschnitzten Holztablett serviert.

Noch ein Wort zu seinem Tee, dem berühmtesten Heißgetränk Frieslands. Er war hocharomatisch und vor allem sehr stark. Für mich nur mit Kandis und Teesahne zu genießen. Meine Frau benötigte nichts von beiden und erlebte bei diesem Aufguss immer Teegenuss pur.

Ernst Lütze wurde 1944 auf Langeoog geboren, wuchs auf der Insel auf und absolvierte in der bekannten Konditorei Dirk Eden in Jever eine Konditorlehre. Nach Erlangung des Meisterdiploms wurde er Chefkonditor und später Pächter im Café Leiss, mit dessen Besitzer, Hei-

Alles, was mit Seefahrt und mit Fischgang zu tun hatte, interessierte Ernst Lütze sein Leben lang. Auf diesem Foto ist er als junger Mann „auf Dorsch" im Nordatlantik.

ner Leiss, ihn eine Art vertrauensvolles „Vater-Sohn-Verhältnis" verband.

Ich hatte das Glück, über lange Jahre am Stammtisch dieses Cafés als Festländer geduldet zu werden und den „Schnacks" der Eingeborenen, die hier eigentlich nur saßen, zuhören zu dürfen. Der Cafébetrieb begann erst mittags, und bereits vorher ging's in dieser Runde sehr fröhlich zu. Jedem Insulaner, der seinen Kopf zur Tür hereinsteckte, wurde befohlen, sofort Platz zunehmen. Es war dann oft so, dass mir einer von ihnen erklären musste, worum es im Gespräch überhaupt ging. So eigenständig ist Ostfriesen-Platt.

Und auch Meinhard Gerdes, vom legendären Insellanden „Fokko Gerdes", war sich nicht zu schade, mir irgendeinen Schwank oder eine besondere Redewendung zu übersetzen. Ernst, uns längst ein Freund geworden, freute sich immer wieder darüber, dass sich die Insulaner bei ihm trafen. Er war so stark mit diesem Eiland verwurzelt, dass er schon Heimweh bekam, wenn er mal für ein paar Tage ans Festland übersetzten musste. Spätestens am dritten Tag wurde Ernst ernsthaft unruhig. So erzählte es uns seine Frau Marlene.

Mich überraschte er mit seinen Kenntnissen über den Vogelflug und die hiesigen Rastplätze der Zugvögel. Außerdem interessierte ihn die Christliche Seefahrt. Er kannte die gefährlichen Meeresströmungen vor den Inseln genau und erntete auch den Sanddorn selbst, der im Café zu Eisbechern und Getränken verarbeitet wurde.

Im Alter wurde er zu einer imposanten bärtigen Erscheinung, behielt sein offenes, freundliches Wesen und blieb beharrlich seiner einmal gefassten Meinung treu. Aus meiner Sicht war er auf dem besten Weg, so etwas wie ein Inseloriginal zu werden.

Ernst erfüllte sich noch seinen großen Traum und baute 1980 am Schniederdamm eine supermoderne Backhalle bevor er, keine sechzig Jahre alt, 2001 verstarb. Er hinterließ Frau Marlene und die Kinder Karin, Christine und Bernd, die inzwischen alle am Festland wohnen. Auf eigenen Wunsch wurde er nach altem seemännischen Brauch per Seebestattung dem Meer übergeben. Die Zeremonie fand auf der „Langeoog II" statt, in der südlichen Nordsee, im Beisein von Familie, Freunden und Bekannten.

Eigentümer Meer

SEINER GNADE und Willkür ausgeliefert ist hier aller Sand und was sich darauf befindet. Auf Langeoog nimmt sich das Meer bekanntlich an den Dünen im Norden sein Eigentum zurück und gibt es äußerst launisch ein Stück weiter am Ostende durch Aufschwemmung zurück.

Würde man mit dem Zeichenstift einmal die äußere Gestalt von einer Nordseeinsel und einem Alpenstück umfahren, käme zutage, dass der Stift das erste Mal nur rundes und das andere Mal nur Eckiges wiedergibt. Einmal sind es weich geformte Umrisse, dann ist es ein bizarrer, geometrischer Formenkanon, um die wesentlichen Koordinaten erfassen zu können. Aus feinsten, weißen Seesanden bestehend, sind die sieben ostfriesischen Inseln vor 2000 bis 5000 Jahren vom Meer zu sogenannten Platen (1) aufgespült worden, in einer langen Kette, nur zirka 5000 Meter vom Festland entfernt. Lediglich Langeoog und Borkum haben einen pleistozänen, also festeren Geestboden. In nüchternen Zahlen ausgedrückt ist Langeoog 12 km lang und seine breiteste Stelle misst nur 3,5 km. Zusammen sind das 19 Quadratkilometer Sandhäufung, Insel genannt.

Widzel tom Brook, seines Zeichens Friesenhäuptling, dokumentiert auf einer Urkunde von 1398 erstmals neben den anderen Inseln auch Langeoog. Lange waren die Fachleute der irrigen Meinung, dass alle Inseln durch Sturmfluten abgetrenntes Land seien. Dabei sind diese mäßig hohen Hügel und Kuppen vom Baumeister Meer, im Verein mit seinem Co-Partner Sturm, Körnchen für Körnchen aufgeschichtet und abgelagert worden. Danach setzte sofort der Pflanzenwuchs ein und verfestigte diese äußerst fragilen Konstruktionen. An erster Stelle muss hier, stellvertretend für alles andere, die sogenannte Binsen-Quecke (2) genannt werden. Eine Dünenpionierin, in deren Einzelbüscheln sich Flugsand verfangen und zu Minidünen verfestigen kann. In gewisser Weise könnte man sie auch als Gras bezeichnen, von manchen wird sie aber auch Strandweizen genannt. Auf Langeoog sieht man am Flinthörn in der Nähe der Vogelbeobachtungsstelle viele Minidünen mit dieser segensreichen Binsen-Quecke am Werk.

Alles, was Wasser schafft, ist kein Land. Deshalb sagt der Insulaner, der einmal, z. B. wegen eines Behördenganges, seine Insel verlässt: „Ich fahre morgen ans Festland." Er vergisst nie, auf welch leicht geschichtetem Grund er lebt.

Das Meer kann nur rund, ließe sich sagen, kehrt man noch einmal zum anfänglich erwähnten Zeichenstift zurück. Der angehäufte Sand ist seinem Bauherrn zu Diensten, der aber nur weich geformtes Design im Sinn haben kann. Anderes lässt sich daraus nicht machen. Bohrt man hier irgendwo mit dem Finger im Boden, kommt nach einer Grasnarbe schnell der weiße Sand wieder zum Vorschein, nur durch Bewuchs und Bebauung zum Verharren gezwungen. Das leichte Sandkorn, Sturm und Meer seit Urzeiten als Gestaltungsmasse überlassen, einst hartem Stein und Fels zugehörig, bevor es durch Erosion freigesetzt wurde, kann bei Sturmfluten schnell zu einem flüchtigen Gast werden.

Die wohltuenden Rundungen der Inselgestalt spürt besonders der, der hier barfuß geht oder sich lang hinlegt. Der Sand nimmt den Körper auf, lässt ihn sogar ein Stück weit in sich eindringen, und seine Millionen Körnchen vermitteln gut seinen äußerst hingebungsvollen Charakter. Erst wenn man ihn einmal zwischen die Zähne bekommt, spürt man seine andere, kristalline Seite.

In Zeiten immer stärkerer Klimaerwärmung mit immer schneller abschmelzenden Gletschern sowie des Eises am Polarkreis, könnte der Meeresspiegel so weit ansteigen, dass zuerst die anfälligen Weichsande der

Dünen gehören zu unserem Bild von der Nordsee. Sie sind für die Existenz einer Insel so etwas wie ihre Burgmauern, die uneinnehmbar bleiben müssen.

Inseln in Gefahr geraten. Bei Sturmfluten würde entfesseltes Wasser dann mit Dünen, Deichen und Wällen kurzen Prozess machen. In diesem Fall allerdings durch einwandfreie Mittäterschaft des Menschen, der hier nicht das berühmte Fass, sondern gleich das Meer zum Überlaufen gebracht hätte. „Gott schuf das Meer, der Friese die Küste." Ob besagte Redewendung angesichts sich abzeichnender Realitäten durchzuhalten ist, bleibt aus meiner Sicht sehr fraglich.

(1) Platen, Sandaufschichtungen am Meer.
(2) Binsen-Quecke, Dünen-Pionierpflanze, deren Wurzeln Sand verfestigen.

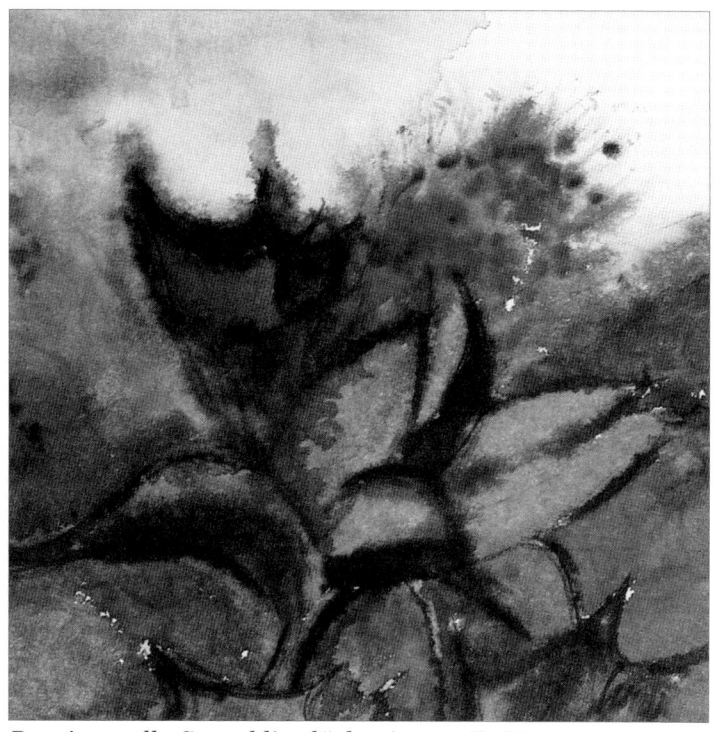

Das Aquarell „Stranddistel" des Autors Eg Witt, 1979.

Im Banne des Goldregenpfeifers

UNSERE AUSSTELLUNG im Haus der Insel war schnell gehängt. Nun waren wir erst einmal eine große Last los und konnten uns entspannen. Weil es kein von der Kurverwaltung abgestelltes Aufsichtspersonal gab, mussten wir selbst abwechselnd für Auskünfte und manchmal auch Verkäufe präsent sein. Viel Infomaterial zu unseren Sachen hatten wir nicht, ein Faltblatt mit biografischen Daten und ein paar Kunstpostkarten. Wolfgang bereitete gerade einen größeren Katalog vor, während ich noch gar nichts vorzuweisen hatte.

Bei Ernst und seiner liebenswerten Marlene hatten wir Unterschlupf gefunden und sie brachte abends oft herrliche Fischpfannen auf den Tisch, wovon besonders

Wolfgang schwärmte, der ähnlich maritimes Essen aus seinen Jahren in Hamburg kannte. Unterkunft und leibliches Wohl stimmten also, blieb eigentlich nur noch das Gelingen unserer Ausstellung. Wir hatten es ziemlich gut, mussten während der Öffnungszeiten nur die üblichen Gespräche mit allerlei höflichen Allgemeinplätzen überstehen. Wir hatten ja beide mit ausgesprochen breiten Pinseln gemalt und waren überhaupt nicht die typischen Künstler, die sich in großer Zahl mit Ausstellungen der ganz gewöhnlichen Souvenir-Art auf den Inseln herumtrieben.

Vor allem Wolfgang ließ bei seinen Aquarellen die Farben Blau und Grün in vielen wunderbaren, kräftigen und zarten Abstufungen auf dünnsten Papieren hervortreten. Über manche seiner Aquarelle kann ich sagen, dass ich bis heute ganz wenig Vergleichbares gesehen habe. Wolfgang schaffte es, auf hauchdünner Japanseide das Farbwasser zu bändigen und darauf Dünen, Meer, Watt und weite Himmel mit großer atmosphärischer Dichte und Naturbeseelung festzuhalten.

Seine Arbeiten erregten große Aufmerksamkeit. Die Besucher kamen zeitweise in Scharen und bei manchen merkte man, ohne dass sie ein Wort sprachen, ob ihnen gefiel, was sie sahen. Andere, denen wir viel zu modern waren, machten gleich in der Eingangstür wieder kehrt.

Eines Tages tauchte ein bekannter Unternehmer aus Ostfriesland mit seiner großen Familie auf. Er hatte Kunstverstand und begriff schnell, über welche Qualität Wolfgang mit seinen Bildern verfügte. Es folgte ein kurzes Getuschel, Lachen und wenige Worte zu Wolfgang. Am Ende marschierte der ganze Verein mit vier seiner großen Aquarelle unterm Arm aus der Halle.

Schon als wir das erste Mal die große Inselhalle betreten hatten, war uns eine Wandvitrine, voll mit ausgestopften Seevögeln, aufgefallen. So etwas sieht man nicht alle Tage. Die propere Mantelmöwe z. B. lässt einen am

Strand nicht so weit an sich herankommen, dass man sie gut anschauen könnte, genauso wenig der Austernfischer oder ein Turmfalke. Oder handelte es sich bei dem ausgestopften Exemplar doch eher um einen Wanderfalken?

Jeden Tag kamen wir mehrmals an dieser gefiederten Parade vorüber und freuten uns besonders über einen sitzenden Goldregenpfeifer. Er hatte es uns angetan, denn so was Schönes flog oder saß in unseren Breiten nicht herum.

An den Wochenenden reisten manchmal ein paar Freunde an und die Stimmung stieg. Die Freunde waren von unserem Goldpfeifer begeistert und hatten bald herausgefunden, dass die schwere Glasscheibe an der Vitrine nicht abgeschlossen war und sich aufschieben ließ. In feuchtfröhlicher Runde kam es zu einer sehr verwerflichen Wette. Die Freunde waren sich sicher, dass „unser Goldkind" dringend einer Luftveränderung bedürfe und deshalb die Vitrine verlassen müsse.

An dem Abend war nicht wenig Alkohol im Spiel gewesen und wir vergaßen die Angelegenheit. Schließlich hatten wir mit unserer Ausstellung genug zu tun. Am letzten Ausstellungswochenende wurden wir erneut von den Freunden besucht und vor allem auch abgeholt. Alle verabschiedeten sich durch Handzeichen, natürlich auch von dem schönen Vogel, und waren bald mithilfe von E-Karren, Boot und Autos schon ein ganzes Stück von der Insel entfernt, als auf der Höhe von Wilhelmshaven einer auf die Wette zu sprechen kam. Dieser wies auf seine Reisetasche, öffnete sie und hielt sie triumphierend in die Höhe. Was er hochhielt, war natürlich unser aller Liebling, der Regenpfeifer.

Ich weiß noch genau, wen sein Übermut so weit trieb, den Pfeifer zu rauben, werde aber, auch bei Androhung schlimmster Folter, schweigen wie ein Grab, denn irgendwann sollten dumme Streiche verjährt und vergeben sein.

Private Dschungelempfehlung

WER EINMAL der weiten Sand- und Meerhorizonte müde ist und auf Abwechslung sinnt, kann sich auf einen besonderen Pfad begeben. Zu solch einem Weg sagt man hier kurz „Pad". Diese kurze Strecke ist auch für den beeindruckend, der kein besonders leidenschaftlicher Pflanzenliebhaber ist. So viel wild wucherndes Wachstum muss man gesehen haben, tritt es hier am Meer doch unerwartet auf. Wer also wieder einmal ins Grün möchte, kann sich auf diesem Kurztrip an zügellosen Pflanzenrangeleien satt sehen, die um Licht und Platz kämpfen. Bitte das Fahrrad stehen lassen, denn es braucht nur zwei bis drei Stunden Zeit für den Hin- und Rückweg.

Der Ausgangspunkt ist das Rathaus. Von dort schnurstracks westwärts halten. Zuerst die „Kirchstraße" entlang, dann weiter geradeaus in die „Störtebeker Straße". Links liegt dann die moderne Senioren-Wohnanlage „Bliev hier". Beim Straßenschild „Am Wald" scharf rechts einbiegen Richtung „Naturpfad Flinthörn". Jetzt ein paar Hundert Meter geradeaus gehen, links liegen die Schrebergärten der Insulaner. Auf der rechten Seite befinden sich Kinderheime. Jetzt aufpassen!

Nach einem kleinen Sportplatz rechter Hand an einer Straßenlaterne rechts abbiegen. Dann links halten. Dieser schmale Weg führt direkt an einem stattlichen Personalhaus des Deutschen Roten Kreuzes vorbei. Straßenname und Hausnummer sind dort „Am Wald 70". Nur wer an diesem ziemlich zugewachsenen Haus vorbeikommt, ist auf dem Weg, den ich meine. Sofort beginnt auch schon die verwunschene, kleine Wildnis mit Schilf, Brennnesseln, verwilderten Apfel- und Kirschbäumen, Hagebutten, Brombeeren, Sanddorn, Silberpappelausläufern, vielen Gräsern, Schwarzdorn, Weißdorn, Birken, Dünenrosen, Mispeln, Erlen, Geißblatt und vor allem vielen alten Holunderbüschen, alles zu einem Buschwerk verdichtet, bei dem wohl nur noch Vögel, Kaninchen und Insekten den Überblick behalten können.

Hindurch führt ein schmaler Pad, der am schönsten zu durchstreifen ist, wenn ihn die Gemeinde nicht gerade wieder extrabreit frei geschnitten hat. Ich kenne ihn in der Weise, dass Fußgänger hintereinander gehen müssen. Gerade das macht den Reiz dieses Pilgerweges aus.

Für einen Moment eingetaucht in völliges Grün und mit dem Geräusch der nahen Brandung im Ohr, die vom Westwind herübergetragen wird, kann der Fußgänger das Kontrastprogramm erleben zum weiten, nackten Strand. Während des Herbstes und des Winters ist für die Vögel reichlich gedeckt. Ihre Laute begleiten einen, vielleicht mit Ausnahme von kalten Wintertagen, ständig. Es ist ihr Lebens-, Ernährungs- und Schutzraum.

Auch an grauen Wintertagen offenbart dieser Weg seine Wirkung. Die ist nun doch in Moll gestimmt, aber das Gefühl, ganz eng auf Tuchfühlung mit der Natur zu sein, bleibt. Die alten, rissigen Stämme und Äste des Holunders strecken sich nun karg und bizarr in den kalten Winterhimmel. Ernste Eindrücke, die auch einem Film oder Bühnenbild entnommen sein könnten. Besonders der Holunder wirkt so gänzlich abgestorben, dass es schwer vorstellbar erscheint, dass aus so viel Kahlem noch einmal Knospen treiben können.

Dieser Weg endet leider schon nach ein paar Hundert Metern und führt direkt auf den höher gelegenen Flinthörndeich. Man kann von dort weiter Richtung Naturpfad Flinthörn gehen oder zum Hafen. Ich plädiere aber für einen sehr langsamen Rückweg durch diesen einmaligen Dschungel.

Diesen Weg gingen wir schon vor fünfzig Jahren, während der Kinderkur, wenn wir vom Flinthörn oder Hafen mit viel Hunger im Bauch dem Kinderdorf zu-

So eine dichte Vegetation erwartet man nicht unbedingt auf einer Nordseeinsel.

strebten. Damals, ich weiß es genau, war es nur ein fest-getretener Sandweg. Was seit dieser Zeit passiert ist, zeigt, was auch auf Sand möglich ist. Setzte man die Machete hier allerdings überhaupt nicht an, balgten sich die Arten gnadenlos und die Schneise schlösse sich quasi über Nacht.

Leider sieht man diese Medusen nur massenhaft auf dem Trocknen, im Stadium des Vergehens. Beobachtete man sie bei ihrem Tanz im Meer, würde man ihnen applaudieren.

Meduse und Co.

BEIM GEHEN am Strand ergeben sich ziemlich oft, fast möchte ich schreiben hoffnungsvolle Augenblicke. Es passiert, dass alte Menschen plötzlich stehen bleiben und sich nach einer Muschel bücken. Sie tun dies im Bewusstsein, es schon hundertmal gemacht zu haben und können doch nicht widerstehen. Sie beugen sich weit herunter, gehen sogar in die Knie, um ein Kalkgehäuse aufzuheben und es anzusehen, vielleicht mit einer Mischung aus Genugtuung und Staunen. Die leere, wertlose Gestalt einer Muschel mit schöner Zeichnung wurde ihnen von der anrollenden Brandung meeresfrisch vor die Füße gespült.

Dieser Vorgang entfacht bei vielen den Reflex, das Teil in die Tasche zu stecken oder lange in der Hand zu behalten, es zu fühlen und zu betasten. Austernschalen und ihre Fragmente, Seeigelgehäuse, Herzmuscheln, Schwertmuscheln, Wellhornschnecken und viele andere. Auch Holzstücke und Tang.

Diesem kleinen Geschehen, etwas vom Strand aufzuheben, will ich doch einige Bedeutung zumessen dürfen, denn es sind Millionäre, sehr gut Situierte und gut Situierte, die sich nach einer simplen Herzmuschel bücken, sich vor einer wertlosen Hinterlassenschaft der Natur weit herunterbeugen und für einen Moment vom stolzen und exzentrischen Gehabe ablassen. Inhaber viel schlichterer Portemonnaies bücken sich auch, heben auf und tragen dieses Strandgut quasi als einzig wirkliches Souvenir mit sich fort.

Die Färbung der besagten Herzmuschel kann bei einfühlsamen Zeitgenossen das gleiche Finderglück hervorrufen wie ein kleiner Splitter Bernstein. Finden sich allerdings auf enger Fläche gleich mehrere dieser Splitter, kann sich schnell die Andeutung einer leichten Klondike-Atmosphäre ausbreiten. Man sieht es an plötzlich angestrengten und todernsten Mienen, mit denen dann jeder Quadratzentimeter im Umkreis der Fundstelle abgegrast wird. Wer sich einfach suchend dazugesellt, kann unwillige Blicke einfangen.

Gestrandeten Quallen weicht jeder mit Bedacht aus. Diese Hautwesen liegen meistens schon in den unterschiedlichsten Stadien der Auflösung auf dem Trockenen. Lebende dieser Medusen sahen wir von Bord eines Schiffes im klaren, türkisfarbenen Wasser des Hafenbeckens von Delos. Sie stiegen dort unermüdlich auf und nieder, als spielten oder tanzten sie gerade in irgendeinem Stück, das leider in keinem gängigen Ballettführer zu finden war.

Dichterkreisel

ICH GEHE NOCH SCHNELL zu Krebs rein! Oft, wenn wir in den letzten 30 Jahren auf Langeoog waren, fiel bei uns dieser Satz. Gemeint ist eine kleine Buchhandlung, die fast noch in den Dünen liegt. Ihr Name könnte nicht passender sein, keine sechshundert Meter vom Strand und dem Lebensraum der echten Krebse entfernt, das letzte Haus im Dorf, Richtung Wasserturm.

In Höhe der Eingangstür hört man bei entsprechender Wetterlage die Brandung rauschen. Die Inhaberin dieser Buchhandlung war eine kleine freundliche Dame, Inge Krebs, die sich nach neunjährigem Dauerurlaub im Allgäu in der Senioren-Wohnanlage auf der Insel zur Ruhe gesetzt hat. Sie hat uns mit ihrer Buchauswahl nie im Stich gelassen. Ihr und ihrer langjährigen Buchhändlerin Almuth Paap, die den Laden später auch einige Jahre leitete, verdanken wir wunderbare Bücher und Leseerlebnisse.

Oft waren wir bis zum Überlaufen vollgetankt mit Sommerfrische, ausgestattet mit heftigsten Sonnenbränden, wenn es uns in dieses Häuschen zog. Als unbedingt nötigen Ausgleich zum übermächtigen Naturerlebnis waren wir hungrig auf irgendein Buch, in das wir uns versenken konnten. Den Charme dieses Lädchens macht aus, dass es klein ist und nur begrenzte Möglichkeiten bietet. Aber gerade das ist es, in einer Welt zunehmender Großspurigkeiten, was diesen engen Raum mit seinem Taschenbuchmeer, das einem gleich entgegenflutet, so einmalig macht. Ausgesuchte, wesentliche Literatur benötigt gar nicht viel Platz, wie man hier sieht.

Ich glaube, es waren und sind auch heute noch sechs bis acht Karussellständer, pickepacke voll mit Weltliteratur im Taschenbuchformat, die in der Raummitte platziert sind, während sich an den Wänden die gebundenen Ausgaben aneinanderreihen. Es sind gerade diese

Suntje Krebs vor den genialen Drehständern, die den Literaturhung-rigen immer etwas und oft Überraschendes zu bieten haben.

Karussellständer, die mich einladen, auf die Suche nach einem lohnenden Fund zu gehen. Den Kopf in Schieflage, mit einer Hand schon die nächste Drehung des Ständers einleitend, ist man auch körperlich gefordert und an Regentagen kann es hier sehr eng werden.

Aber alle dann Suchenden sind ja auch Gleichgesinnte, die die Leidenschaft zum Buch verbindet. Deshalb schert sich auch niemand um Enge.

Es war relativ spät, erst in den späten 90er Jahren, als ich anlässlich einer Suche nach Lesbarem bei Krebs auf Joseph Conrad und sein „Herz der Finsternis" stieß. Es kann bei diesem vielleicht beeindruckendsten Roman Conrads so weit kommen, dass sich der gebannte Leser unmittelbar auf den Flussdampfer des Kapitäns Marlow versetzt fühlt, der diesen ja immer tiefer in die Wildnis des Kongos, also ins Herz des schwärzesten Afrikas steuert, um dort den skrupellosen Elfenbeinhändler Kurtz zu treffen. Es kann wohl keinen größeren Gegensatz zwischen der Dschungelgefährlichkeit dieses Romans und den friedlichen, sehr überschaubaren Inselstrukturen Langeoogs geben.

Der Leser wird langsam verstehen, warum ich für diese Karussellständer so eingenommen bin, wenn er hört, welche ihm alle bekannten Werke dort aufgereiht sind. Nur ein paar Beispiele für die Bandbreite. Immer wieder sehe ich Heinrich Bölls „Das Brot der frühen Jahre" oder von Graham Greene „Unser Mann in Havanna", Truman Capotes „Baum der Nacht" und Charles Bukowskis „Aufzeichnungen eines Außenseiters", außerdem Paul Austers „New York-Trilogie". Das Spektrum reicht von Jeremias Gotthelfs „Uli der Knecht" und Carl Zuckmayers „Die Magdalena von Bozen" bis Dai Sijie „Balzac und die kleine chinesische Schneiderin".

Ich muss einfach noch ein wenig weitermachen und aufzählen dürfen. Es warten dort von Franz Kafka „Amerika" und Henry Miller „Wendekreis des Krebses"

Die Buchhändlerin Suntje Krebs, Enkelin der rührigen Geschäftsgründerin Inge Krebs. Sie leitet heute zusammen mit ihrem Mann die traditionsreiche Buchhandlung.

bis Ralf Rothmann „Milch und Kohle" und Max Goldt „Die Radiotrinkerin" sowie die Schätze von Claude Lévi-Strauss „Das Rohe und das Gekochte", Oskar Maria Graf „An machen Tagen" bis zu Thomas Bernhard „Holzfällen". Auf keinen Fall zu vergessen, das alte Prag mit Friedrich Torbergs „Tante Jolesch".

Urlaub auf einer Nordseeinsel und Lesen gehören für mich, wie für so viele andere Menschen, zusammen. Man ist umgeben von flachsten Horizonten, die Dünen zählen nicht mal als Bodenerhebungen und die sich daraus ergebende Leere mag ja für eine gewisse Zeit wohltuend sein. Aber dann schreit bald alles in einem nach Füllstoff, damit das Nichts nicht in eine moderate Vorstufe von arger Eintönigkeit und Stumpfsinn ausarten kann.

Inzwischen wird diese Buchhandlung von einer Enkelin der Gründerin geleitet, Frau Suntje Krebs, die mit ihrem Mann Torsten Meyer scheinbar nicht an der bewährten Existenz der Karussellständer rütteln will. Ich bin darüber sehr froh, denn so finde ich in meiner Buchhandlung stets interessanten Lesestoff.

In der Zone, wo Meer auf Land trifft, lässt sich gut herumspazieren, untermalt vom Brandungsrauschen, dem Kurkonzert des Meeres.

Wassermusik

BEFINDET MAN SICH auf der dem Watt zugewandten Seite der Insel, also ein gehöriges Stück vom Dorf im Norden entfernt und nähert sich ihm, ist die Luft bei auflaufendem Wasser schon etwas angefüllt mit fernem Brandungsgetöse, harmlos ausgedrückt. Je näher man der Nordseite dann kommt, umso mehr verstärkt sich der Eindruck, als ob zwei schwer beladene Güterzüge ununterbrochen aneinander vorbeidonnern. Sie erfüllen die Luft mit einer geschlossenen Lärmwand, deren Schallwellen jedes andere Geräusch in ihrer Umgebung gnadenlos untergehen lassen.

Krach brachialster Art und auf keinen Fall irgendeine subtile Watermusic. Eher Nordseesound der Sorte „Neues Altes vom Hammer." Obwohl noch ungefähr einen Kilometer vom Kampfgeschehen zwischen Wasser und Sand entfernt, dröhnt es äußerst bedrohlich herüber. Zweimal in vierundzwanzig Stunden, jeweils sechs Stunden lang, prescht das Meer heran und bricht sich am Sand laut brüllend die Knochen, nicht das Genick. Zusammenprall von Flüssigem und Festem, ausgelöst durch Mond und Erdumdrehung, baden Wasser und Sand aus, was seit Langem eine beschlossene Sache ist.

Es ließe sich bei diesem Aufprall auch sagen, das Meer spielt auf seinem Eigentum, dem Sand, Klavier, oder das, was es unter Klavierspiel versteht. Schließlich hat es sich dieses Tasteninstrument selbst gebaut und darf die Tasten malträtieren, so viel es will. Es hat hier Narrenfreiheit, nutzt diese voll aus, spielt auch alles auswendig und wird im Winter zunehmend unberechenbar bei seinen Einsätzen. Gebärdet sich dann manchmal nur noch wie eine Horde wilder Tiere, die mit ohrenbetäubendem Gebrüll schon seit Längerem auch vor Sandvertilgung nicht haltmachen.

Je näher man aber diesem monotonen Klangkörper nach Überqueren der Dünen kommt, desto mehr scheint sein Gehämmer abzunehmen. Erreicht man schließlich den Strand und hat die breit angelegte, große Waschküche direkt vor Augen, ist plötzlich alles anders. Wo immer Millionen kleiner Apollinarisflaschen auf einmal ausgeleert werden, kann kein schlechter Ort sein. Eine Zone mit Esprit und guter Laune. Auch Hunde werden hier friedfertiger, geben sich gelöst, kläffen einen nicht mehr an und jagen vergnügt durch Wasser und Sand. Bestimmt findet hier ein anderes Hören und Wahrnehmen der großen Klangmaschine statt. Als würde man über den Orchestergraben in die Reihen von Musikern steigen und ihnen von dort zuhören.

Dicht am Wasser lässt sich das monotone, schwere Atmen des Meeres genießen. Das Grobe ist jetzt akzentuierter, wird langsam doch Klang, Musik, music, rein gewaschene Wohltat für Ohr und Seele.

Mir ist schon klar, dass ich einen Wettbewerb um die beste Metapher ausgelöst habe, aber dieses Brandungs-krachen erfrischt mich dermaßen, auch auf die Gefahr hin, am Ende inflationär zu klingen. Auf so enger Tuch-fühlung mit solch einem Urgeschehen will ich gern ver-sucht sein, es immer wieder neu in Worte zu fassen.

Hört man dem Meer nachts bei geöffnetem Fenster zu, während die alten Gegner noch im Ring sind, gibt es manchmal nicht nur Water- sondern auch Nightmusic, die einen gut in Schlaf und Träume kommen lässt.

Im Oktober fallen schon am Frühnachmittag lange Schatten von den Dünen auf den Oststrand. Sie stehen in markantem Kontrast zu dem weißen Brandungsschaum.

Ohrmuschel

ICH NEHME DIE MUSCHEL vom Tisch und halte sie ans Ohr. Genauer gesagt, handelt es sich um eine Wellhornschnecke und noch präziser, um das leere Gehäuse einer solchen vom Flinthörn, dem westlichsten Punkt der Insel. Bei Niedrigwasser breitet sich ein großes Muschelfeld aus und dort wurde sie mir von der anrollenden Brandung vor die Füße gespült. Ich hatte sie erfreut aus der septemberwarmen Nordsee gegriffen, Nässe und Sand abgeschüttelt, kurz ihre grauweiße, anthrazitblaue Farbe bestaunt und sofort ans Ohr gehalten.

Wie jetzt auch. Ein Jahr später, an meinem Platz am Fenster, in einer Stadt zwischen Bielefeld und Hannover. Obwohl die Muschel nicht besonders groß ist, höre ich in ihr sofort wieder das Rauschen und Huhlen der Winde und Stürme, die über die Inseln der Nordsee fegen. Es ist ein Ton, den jeder kennt, der in ihr dauerhaft existent ist, der sich sofort mitteilt, ohne einer Steckdose, Batterie oder eines Akkus zu bedürfen. Wer sie dicht ans Ohr presst, dem rauscht sie ihre eintönige Melodie vor, meine ist etwas hoch gestimmt, als befänden sich diese Stürme auch in hohen Luftsphären, unter Umständen sogar in denen der Windsbraut persönlich. Der Grundton in allen Schneckenhäusern scheint menschlichen Schicksalen gegenüber ziemlich abgewandt zu sein, sogar abweisend, als wäre es auch ungehörig hier überhaupt zuzuhören, sie quasi abzuhören.

Es ist ein Rauschen, das hauptsächlich von Ereignissen aus Urzeiten gespeist wird und erzählt. Akzentuierungen sind ihm fremd. Über alle Dinge erhaben, bleibt es hochmütig, sogar kühl, ohne Trost im Sinn und würde nie intonieren: „Lebe endlich, nutze deine Tage". Im Gegenteil, es scheint zu sagen: „Mir ist gleich, was du treibst, alles geht doch darüber hinweg."

Am nächsten Morgen nehme ich sie wieder ans Ohr und höre gar nichts mehr. Kann das sein? Sie schweigt. Erst am Nachmittag bin ich aufnahmebereit, kann sie wieder vernehmen. Vielleicht ist es auch so, dass nur der, der sich als besonders vertrauenswürdig erweist, mehr von ihr erfahren kann. Wer es schafft, ihre Monotonie vielleicht zehn bis fünfzehn Minuten ununterbrochen zu ertragen, darf unter Umständen hoffen. In ruhigen Nachtstunden, in der einsamen Kammer, selbst fast ein Einsiedlerkrebs geworden, der sie ja einmal bewohnt hat, hat man dann vielleicht das Glück, dass die Muschel etwas über das wahre Leben im Meer preisgibt. Aber Ratschläge fallen für keinen dabei ab, so viel muss jedem klar sein.

„Maljan", ein Giebelzeichen aus Holz, welches noch an einigen Häusern auf der Insel zu sehen ist. Ursprünglich dienten diese mystischen Zeichen dazu, Gefahr zu bannen und Gottheiten zu beschwören.

Mann und Brandung I

Sie macht ihm ständig Krach,
wenn er zu ihr kommt.
Irgendwann begreift er sie
Und schreit ganz laut zurück.
Seitdem verstehn sie sich.

Flut und Strand I

Sie ist die treibende Kraft hier.
Sie ist das Salz in der Suppe.
Sie schmeißt sich ihm pausenlos an den Hals.
Wirft sich auf ihn – kratzt, beißt, spuckt
leckt – tobend mit Schaum vorm Mund.
Zieht ihn am Ende der Vorstellung
noch einmal ganz tief in sich rein.
Faltet ihn nach Belieben zusammen.
Dazu verbannt – Getrieben von Gestirnen,
bis fast nichts mehr von ihm übrig ist.
Er japsend, schweißgebadet vor ihr liegt.
Nach solchen Runden gibt sie zwar Ruhe,
verzehrt sich bald wieder nach ihm.
Macht weiter im Takt, ihn weichzukochen.
Am Ende wird sie ihn doch rumkriegen,
gleich für immer mitzukommen.

Eg Witt

Jeder Inselbesucher kennt diese Stimmungen am Strand.

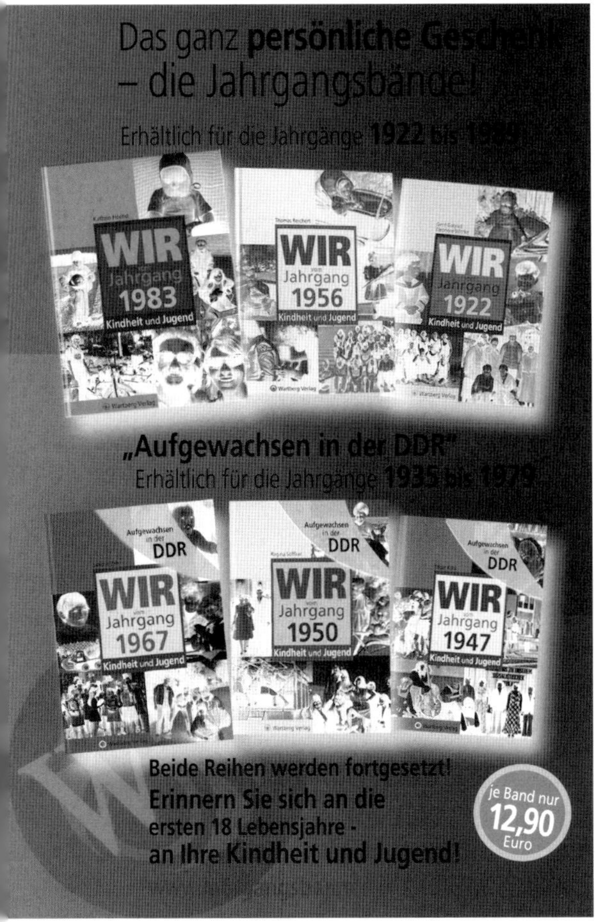

WEITERE INSELBÜCHER
AUS DEM
WARTBERG VERLAG

Zum Strand – immer geradeaus
von Ocke Aukes
80 Seiten, gebunden,
Zahlreiche S/w-Fotos
(ISBN 978-3-8313-2070-7)

Bis gleich vor der Milchbar
von Corinna Dreyer-Vizzi
80 Seiten, gebunden,
Zahlreiche S/w-Fotos
(ISBN 978-3-8313-0000-0)

WARTBERG VERLAG GMBH & CO. KG
BÜCHER FÜR DEUTSCHLANDS STÄDTE UND REGIONEN
Im Wiesental 1 · 34281 Gudensberg-Gleichen · Telefon (0 56 03) 9 30 50
Fax (0 56 03) 30 83 · www.wartberg-verlag.de

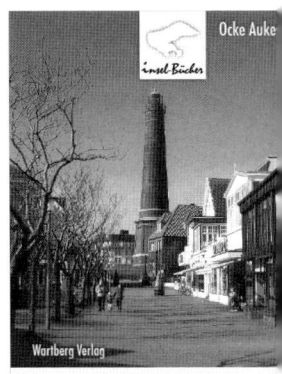

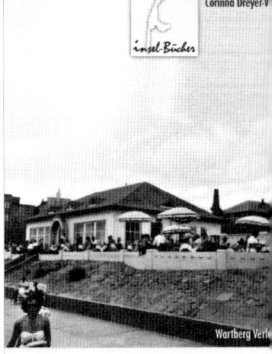